CHANTS

D'UN

MONTAGNARD

Bruxelles. — Imp. de A. Lacroix, Verboeckhoven et Cie, boulev. de Waterloo, 2.

RAOUL LAFAGETTE

CHANTS
D'UN
MONTAGNARD

AVEC DEUX LETTRES CRITIQUES DE

GEORGE SAND

> Le destin me fit naître à Foix,
> Et dans ma veine poétique
> Coule un pur sang démocratique :
> Je suis donc montagnard deux fois.
> R. L.

PARIS
LIBRAIRIE INTERNATIONALE
15, BOULEVARD MONTMARTRE, 15

A. LACROIX, VERBOECKHOVEN ET Cie, EDITEURS
A BRUXELLES, A LEIPZIG ET A LIVOURNE

1869

Tous droits de traduction et de reproduction réservés

PRÉFACE

Dans cette préface ou avertissement, je vais dire en quelques mots l'esprit général de ce livre, comment il a été composé, ce que j'en pense. Ce n'est pas une œuvre écrite d'un seul jet, mais un recueil d'impressions successives embrassant tout le printemps d'une vie d'homme. J'ai brûlé plus de vers que je n'en édite; pas assez peut-être. Sauf de légères transpositions, destinées à la plus grande variété d'une lecture suivie, les pièces se succèdent dans l'ordre des dates. S'il y a eu progrès, le lecteur s'en rendra mieux compte. La plupart de ces chants ont été écrits dans les vallées ou sur les cimes de mes montagnes natales. De là le choix du titre. L'épigraphe qui l'accompagne en explique la double justesse.

En philosophie, j'ai commencé par le déisme. J'en suis arrivé au naturalisme rationaliste. Selon moi, la matière est éternelle, et il n'y a pas eu création. Cette croyance, loin de déflorer le sentiment poétique, en exalte la ferveur. On communie mieux avec l'univers. Les profonds hymnes de Gœthe le prouvent éloquemment.

En politique, je suis démocrate radical, c'est à dire que je veux la révolution en permanence. Partout où il y a vie il y a mouvement, et dans l'ordre social le mouvement s'appelle Révolution. Or, pourquoi se mouvoir, sinon pour aller en avant? Être immobile c'est être mort, mais reculer c'est décroître, c'est être en train de mourir. Aussi l'humanité, symbolisée dans le *Juif-Errant*, cherche-t-elle toujours le mieux sur les mille voies du progrès indéfini. Elle s'arrête par intervalles, ou même rebrousse chemin; mais dans ces haltes ou ces déchéances temporaires, qui ne sont qu'un recueillement, elle puise des forces nouvelles et ne tarde pas à se remettre en marche pour dépasser le terme qu'elle avait atteint. Donc, en avant! en avant! telle est ma devise politique.

Chaque individu aspire au bonheur et travaille à réaliser son rêve. La justice ne cessera d'être violée que lorsque pas une seule aspiration ne sera déçue. L'organisation sociale qui pourrait, à l'exclusion de toute autre, créer l'harmonie universelle, se résume dans un mot : Égalité. Il ne signifie pas identité, mais équivalence. En dehors de l'égalité, la liberté devient privilége, en dehors de l'égalité, la fraternité se change en aumône. Or l'aumône, fille de la charité, est la négation du droit, et tout être dont les droits sont méconnus n'a d'autre devoir que de s'insurger pour les conquérir. Celui que l'aumône n'humilie pas a perdu le sentiment de sa dignité. Celui qu'elle humilie déteste les philanthropes de clinquant dont la générosité n'est qu'un orgueil hypocrite qui dérobe sous un beau masque sa face hideuse. Ne goûter un plaisir que par la pensée que d'autres en sont privés, estimer que la science et l'art perdraient de leur charme en devenant le patrimoine général, au lieu de rester le douaire de quelques élus, c'est être un vil égoïste. Le nivellement des inégalités individuelles et l'ascension continue du niveau commun, voilà le vœu de tout vrai révolutionnaire.

Mes doctrines philosophiques et sociales, que je viens d'exposer aussi brièvement que possible, annoncent au lecteur comment je comprends la poésie.

Il existe deux ordres de créations. Les unes appartiennent à l'art pur : la fantaisie seule les a conçues et la science réalisées. Parmi celles-là se rangent les *Émaux et Camées* de Théophile Gautier, et les *Orientales* de Victor Hugo. Les autres viennent de plus haute source. Le poète, en les produisant, était en proie aux graves anxiétés du philosophe et du socialiste. Alors beautés artistiques et beautés morales, inséparablement fusionnées, sortent à la fois du cerveau créateur, comme un métal de la fournaise. Ces dernières poésies sont évidemment d'un ordre supérieur. Prétendre que l'artiste déchoit lorsqu'il se propose un autre but que l'art, c'est parler en pédant pour ne rien dire. L'art n'est pas un but, c'est un moyen. Savoir ou ne pas savoir revêtir ses impressions de la forme éternelle, c'est être ou n'être pas artiste. Je crois que, loin de s'altérer, la forme gagnerait en noblesse à mesure qu'elle donne la vie plastique à des sentiments plus larges et plus élevés. Et dans tous les cas, de deux œuvres également remarquables par la forme, j'apprécie davantage celle où je découvre la soif du Juste, en même temps que l'amour du Beau.

Mais pas d'exclusion, pas de simplisme.

La nature est le prototype de tout œuvre d'art. Le sauvage et le gracieux, le trivial et le sublime, sont des faces opposées de ce prototype. Deux pôles; et à tout point, un antipode. Les génies souverains mettent dans leur œuvre cette dualité multiple du monde physique et moral. Ils étouffent dans le circonscrit. Véritables fils de Briarée, ils voudraient enlacer et étreindre Pan. Le gouffre les captive, les trouble et les charme. Ils portent en eux l'incurable inquiétude de l'infini. La France en offre dans Hugo un bien glorieux exemple.

— En 1864, peu après le dernier égorgement de la Pologne par la Russie, plein d'admiration et de pitié pour les victimes, transporté de fureur contre les bourreaux, j'écrivis l'Ode : *France et Pologne*. Je traiterais aujourd'hui ce sujet à un point de vue plus sainement révolutionnaire, que l'on devine, et qu'il serait trop long de développer ici. — Content de mes vers, je les fis parvenir à Victor Hugo. Le grand exilé, alors malade, me répondit, par la plume de son fils, la lettre sobre et virile qui précède *France et Pologne*. Ce premier encouragement a servi de réconfort à mes jeunes défaillances.

Trois ans plus tard, en août 1867, recommandé à George Sand par son ami François Rollinat, avocat et ancien représentant, je pus aborder la femme illustre, l'immortel auteur de tant d'œuvres où le génie a imprimé son double sceau de force et d'ivresse. Quelle entrevue précieuse pour moi! George Sand fut simple et affable, comme le sont les vrais maîtres. Elle m'offrit de lire avec soin le manuscrit du *Spleen*, que je tenais à la main, et de m'en dire ensuite franchement son opinion. Je fus tout heureux d'obtenir de sa gracieuse initiative ce que ma discrétion n'eût pas osé demander.

J'ai composé ce poème en diverses reprises, de vingt à vingt-trois ans. Enthousiaste exalté des poésies de Byron, j'avais senti néanmoins de bonne heure qu'un noble cœur pouvait employer ses énergies à mieux qu'à l'ironie stridente du misanthrope. Je l'ai tenté dans mon *Spleen*. Le premier et le troisième chants sont byroniens, le second est une élégie funèbre intercalée, le quatrième est la contre-partie des trois autres. J'y suis le révolutionnaire nouveau.

George Sand répondit à M. Rollinat la lettre que je reproduis en tête de mon poème. J'écrivis à Nohant pour remercier et demander de nouveaux conseils. On verra l'épître flatteuse que George Sand m'adressa.

L'appui de l'éminent romancier m'ouvrit le seuil de l'auteur d'*Émaux et Camées*. M'ayant reconnu le souffle, George Sand m'envoyait chez le maître des couleurs délicates et des fines ciselures. Gautier m'accueillit avec bonté et daigna entrer dans des considérations esthétiques dont j'ai gardé un vif souvenir, et qui ont exercé sur moi une influence capitale. — J'ai assaisonné de gaîté gauloise la pièce où je parle de cette visite ; mais le goût plastique qui s'y manifeste d'un bout à l'autre, prouvera à mon célèbre professeur le cas que j'ai fait de sa parole, et le profit que j'en ai tiré.

Ce livre répond à mes doctrines. Après des strophes socialistes, on trouvera un chant érotique, ou de petits tableaux de genre. A ceux qui ne veulent que des notes graves, je dis : Tant pis pour vous si vous n'êtes pas artistes ; à ceux qui n'aiment que les fleurs du caprice, je dis : Tant pis pour vous si vous avez un cœur médiocre.

La forme est chose importante : c'est elle qui révèle et fixe les créations idéales, les fuyantes figures du rêve ; mais l'inspiration est antérieure et primordiale, et nul sophisme d'école ne saurait en restreindre le domaine. Sentiments légers et intimes, pensées vastes et sérieuses, politique, amour, fantaisie, nature, humanité,... tout est du ressort de l'art, et susceptible de s'incarner dans la forme.

Si les poètes, au lieu de s'abstraire dans les régions olympiennes, avaient toujours eu présent le mythe d'Antée, l'indifférence de la foule ne pèserait pas sur eux.

Cette indifférence les condamne, car la foule est un grand artiste.

J'ai rempli le cadre d'une préface. Le lecteur est assez renseigné sur le tempérament du jeune homme qui lui soumet une œuvre de début. Je ne me flatte pas qu'elle soit digne des principes que j'ai posés. Le génie seul exécute ses conceptions sans les enlaidir. Cependant, on verra parfois l'argile se transmuer en Paros.

Mon admiration profonde pour tous les maîtres m'a sauvé d'en adopter un. Je repousse jusqu'à la fameuse distinction : *classisme* et *romantisme*. Il n'y a qu'une école vraie, grande, éternelle; une source à jamais fraîche et vivifiante : la nature. C'est à cette école surtout que je me suis instruit, à cette source que je me suis abreuvé. Puisse mon livre en témoigner.

Mais ce qui constituera bien autrement son caractère, le voici :

Nous nous trouvons dans une période de malaise social plus décisive que celle d'où sortirent 89 et 93. Le vieux monde craque de partout. Les révolutionnaires s'impatientent, les lâches frémissent, les coquins étayent et menacent. La planète est dans l'attente solennelle d'un enfantement.

Eh bien, je me suis associé aux souffrances du peuple, j'ai fait miennes ses misères. J'ai voulu qu'au sympathique foyer de mon cœur tout idéal de justice vînt se réfléchir, toute détresse jeter son cri, toute espérance chanter son hymne, toute colère allumer ses foudres.

Malgré ses imperfections et ses faiblesses, mon œuvre ne sera pas vaine, si j'ai été l'écho de mes frères et le miroir de mon temps !

Raoul Lafagette.

Paris, avril 1869.

CHANTS D'UN MONTAGNARD

I

SONNET AU LECTEUR

Ami lecteur, ces vers qu'aujourd'hui je te livre,
De ce que j'ai senti sont un maigre dessin ;
Du cœur c'est un miroir bien terne que le livre,
Le meilleur de moi-même est resté dans mon sein.

Lorsque la pauvre femme enceinte se délivre,
Ses douleurs — du grand Zeus insondable dessein ! —
Lui feraient trouver doux le poignard assassin,
Et l'on est étonné qu'elle puisse y survivre.

Eh bien, lecteur, moins dur n'est pas l'enfantement
Du cerveau du poète, et j'entends par poète
Non pas l'oisif rimeur, mais l'austère prophète

Qui, d'une ère de honte et d'aplatissement,
Gonflé de haine noire et brûlant de tendresse,
Surgit, et, pour lutter jusqu'à la mort, se dresse !

II

AU MÊME

—

Certes, la poésie est une chose belle,
   Mais je hais les imitateurs,
Tous impatients d'être — épais troupeau qui bêle —
   Auteurs.

Ne feraient-ils pas mieux de planter des salades,
   Ou bien de vivre en crustacés ?
Ré... ré, mi... mi, sol... sol, la... la,... gosiers malades,
   Assez !

Oui, j'estime bien plus un ouvrier habile,
   Fort et gai, muscles, sang et lard,
Que ces nains orgueilleux, chétifs conscrits à bile
   De l'art.

Et même le bourgeois lourd, qui jamais ne pense,
    Et, sans souci des lendemains,
Boit, mange, engraisse et ronfle, en croisant sur sa panse
    Ses mains.

Ah! Platon eut raison, quand de sa République
    Égalitaire, aux pures mœurs,
Il écartait bien loin votre innombrable clique,
    Rimeurs!

Vous tous qui transformez l'alcool en tisanes,
    Canifs singeurs de coutelas;
Sur les pas d'un lion quelle affluence d'ânes,
    Hélas!

Voyez-les, se cognant, trotter en masse et braire:
    En proie au délire fatal;
Chacun pousse un hi... hâ, puis rêve d'un libraire
    L'étal.

Le moindre a son bouquin avec une préface,
    O vanité! cheval sans mors;...
Je préfère à leurs vers ceux qui rongent la face
    Des morts.

On devrait les fouetter, de l'équateur au pôle,
  Les priver de table et de toit;...
— Mais, un petit lutin me frappant sur l'épaule :
  « Et toi? »

— Moi?... c'est bien différent, cher lecteur : je te livre
  Un travail digne d'un bravo,
Vivant, original, et tes trois francs, mon livre
  Les vaut.

Paris, septembre 1867.

III

LE BANDOULIER

Sa coiffure est de forme haute,
Sa veste est courte et de velours,
Il porte, en guise de culotte,
Une épaisse fourrure d'ours;
Et, comme les forçats du bagne,
L'espardille au lieu du soulier;
Quand vous irez par la montagne,
Prenez bien garde au bandoulier!

Quand la nuit vient, que tout se voile,
Que l'ombre gagne le zénith,
Il s'endort à la belle étoile
Sur un roc qui lui sert de lit.

Il a, rude enfant de l'Espagne,
La peau brune et le front altier ;
Quand vous irez par la montagne,
Prenez bien garde au bandoulier !

Il ne respire que pillage,
A sa ceinture un sabre pend,
Irrité, quand gronde l'orage,
Il insulte Dieu, le brigand !
Son trabuc toujours l'accompagne,
Il ne fait jamais de quartier ;
Quand vous irez par la montagne,
Prenez bien garde au bandoulier !

Ils sont tous de cruelle engeance,
Il faut les redouter beaucoup :
On m'a dit qu'un, sans résistance,
A fait périr du même coup,
Dans les gorges de la Cerdagne,
Et la mule et le muletier ;
Quand vous irez par la montagne,
Prenez bien garde au bandoulier !

Foix, août 1860.

IV

PREMIER AMOUR

Brûlé de soif d'amour, sans avoir sur la terre
De source où m'étancher, j'étais un paria ;
Et mon front, sous le poids d'un chagrin solitaire,
S'inclinait vers le sol comme le fuchsia.

Toi seule as eu pitié de ma douleur cruelle,
Toi seule m'as ouvert les trésors de ton sein ;
Et le morne souci s'éloigne à tire d'aile,
Et de rêves dorés accourt un fol essaim.

A toi tous les transports de mon âme en délire,
A toi tous mes soupirs, et mes vœux, et ma foi ;
A toi les chants d'amour qui volent de ma lyre ;
Mes jours, mon cœur, ma vie,... à toi, toujours à toi !

Janvier 1864.

V

TOI QUE CHÉRIT MON CŒUR

—

Toi que chérit mon cœur, quand parfois une larme
Mouille mes yeux, au sein de nos transports d'amour,
Ne m'interroge pas, et qu'une vaine alarme
Ne voile ton regard, plus brillant que le jour.

Comblé de tes bienfaits, puis-je douter encore,
Et de soupçons jaloux nourrir mes sentiments?...
La mort! plutôt la mort; oui, l'amant qui t'adore
Perdrait la vie, avec la foi de tes serments.

Ah! sans toi de quel prix me serait l'existence?
L'être est-il donc si doux, qu'à ses plus vils lambeaux
L'on doive s'attacher? Oh! non : ton inconstance
Vite me plongerait dans la nuit des tombeaux.

Mes pleurs mystérieux ont bien une autre cause ;
La volupté des nuits gonfle ainsi chaque fleur,
Le cyprès sombre ajoute au charme de la rose,
Une larme convient au suprême bonheur.

Loin de toi cette vague et profonde tristesse
Qui sur l'âme du barde étend ses noirs réseaux ;
Puisses-tu ne rêver, dans ta belle jeunesse,
Que du parfum des fleurs, et du chant des oiseaux.

Février 1864.

VI

LE SOMMEIL DE LA LYRE

Non, je ne suis pas fait pour chanter le bonheur,
Dans la félicité s'endort ma jeune lyre,
Le désespoir a seul un écho dans mon cœur,
A moi l'âpre sanglot, à d'autres le sourire.

Ange de mon désert, depuis cet heureux jour
Où j'étanchai ma soif à ta source bénie
Qui sous ma lèvre en feu roule ses flots d'amour,
Nul vent n'éveille en moi le flambeau du génie.

Mais toujours, cependant que sommeille ma voix,
La séve poétique en mes veines circule;
Philomèle, à midi muette dans nos bois,
Retrouve ses concerts avec le crépuscule

Et le calme des nuits ; tel, pour prendre son vol,
L'essaim mélodieux de mes strophes plaintives
Attend un ciel voilé : comme le rossignol
Le poète rêveur aime les nuits pensives.

Pour l'inspirer, il faut, non le charme présent
De la possession d'une femme adorée,
Mais les doux souvenirs et le regret cuisant ;
La noire et froide nue, après l'aube dorée.

Février 1864.

VII

VEILLE

—

Tu peux m'attendre, ma maîtresse ;
L'ombre est épaisse,
L'astre sournois,
La lune, qui, malgré ses airs de chattemitte,
Des amoureux est justement maudite,
N'éclaire pas ; nulle autre voix

Que le bruit du flot sur la rive,
Brise plaintive
Dans les rameaux ;
La plainte que l'orfraie, oiseau de triste augure,
Du creux d'un roc jette à la nue obscure,
Et les frissons des noirs échos.

Des voluptés va sonner l'heure ;
Sur ma demeure
Quand pesamment
Le frère de la mort reposera ses ailes,
A pas légers, ô la belle des belles,
Vers toi volera ton amant.

Mars 1864.

VIII

CAUCHEMAR AU RÉVEIL

Dès que l'ombre des soirs s'épand sur la cité,
D'un pas sourd, inquiet, furtif, précipité,
L'œil sans cesse aux aguets et l'oreille attentive
Je vole vers ton seuil, ô ma chère beauté,
Et, tandis que sur tous la nuit calme et pensive
Verse un profond sommeil, d'une étreinte lascive
Nous goûtons en secret l'ardente volupté.

Mais je regagne avant l'aube crépusculaire
D'un pas débile et lent ma couche solitaire :
Ma vigueur est éteinte et non ma passion ;
Bientôt un poids vainqueur me ferme la paupière.
Quand je recouvre enfin les sens et la raison,
Le soleil est déjà bien haut sur l'horizon,
Et, me croyant encor sous le toit de ton père,

Pâle et terrifié je me lève en sursaut.
Ainsi le promeneur, à l'ombre d'un côteau,
Loin des murs de la ville aux stupides huées,
Étendu sur la mousse au bord d'un clair ruisseau,
Considérait, rêveur, la marche des nuées,
Quand il voit, à travers les branches remuées,
Surgir soudainement les cornes d'un taureau !

Août 1864.

IX

STANCES

Tranquilles nous voguions sur le lac du mystère,
  Nous coulions d'heureux jours,
Nul vent ne tourmentait, en son cours solitaire,
  La nef de nos amours.

Tandis que me berçait sur la vague sereine
  Brise au souffle de nard,
De ton front radieux, ô ma fée, ô ma reine,
  J'enivrais mon regard.

Éphémère bonheur! sous les assauts farouches
  De l'aquilon jaloux,
Mes flots sont devenus tumultueux et louches,
  Et pleins d'affreux remous.

Mon firmament n'est plus qu'un lugubre suaire,
    Et mon fragile esquif
Erre, hélas ! ballotté par la lame contraire
    De récif en récif.

Cruel déchirement ! infernale torture !
    Apre rigueur du sort !
Engloutis dans ton sein ma débile mâture,
    O gouffre de la mort !

J'implore à deux genoux la fraîcheur de ton givre
    Pour mon cœur enflammé ;
Oh ! plutôt mille fois le trépas, que de vivre
    Loin de l'objet aimé.

Décembre 1864.

X

STANCES

Ainsi donc, c'en est fait des brûlantes ivresses,
Des baisers dévorants qu'on se donne sans bruit;
L'ange des voluptés et des tendres caresses
Ne fera plus frémir ses ailes dans ma nuit.

Solitaire, flétri, veuf de mes espérances,
Je cherche pour me fuir les ombrages épais;
J'éprouve le besoin, pour calmer mes souffrances,
Profonds bois enchanteurs, de votre sombre paix.

Sur mes rameaux la joie à peine s'est posée;
Mais je ne me plains pas d'une injuste rigueur :
Tout calice n'a pas sa perle de rosée,
Et tout sol ne peut pas se vanter d'une fleur.

En dépit des méchants, mon cœur contint l'extase,
Du sylphe la corolle a gardé les esprits ;
D'impitoyables mains ont pu briser le vase,
Mais le divin parfum reste à chaque débris.

Dans le deuil sombre auquel mon âme est asservie
Veille le souvenir de l'aube des amours,
Et les flots orageux du fleuve de ma vie
Auront roulé, du moins, une rose en leur cours.

Juin 1865.

XI

LE LOUP

—

Ses crocs ont la blancheur des neiges de Pyrène,
Son œil roule du feu, sa langue rose pend,
    Un poil fauve revêt son flanc,
Son attaque est oblique et sa fuite soudaine;
Le nectar de ce roi sauvage, c'est le sang.

Mai peint mon firmament natal de pourpre et d'ambre,
Épand mille zéphyrs sur la pelouse en fleur,
    Partout mystère, éclat, senteur;
Mais que sur cet Éden vienne à souffler Décembre :
Aux doux enchantements succède la stupeur.

L'air est froid, le ciel mat, la terre dure et nue,
Les âmes des défunts sanglotent dans les vents ;
  On dirait dans leurs linceuls blancs,
A voir les pics neigeux s'entasser sous la nue,
Les spectres insurgés des antiques Titans.

C'est la saison de jeûne et la saison d'orgie,
D'un côté c'est Chamos, de l'autre c'est la Faim ;
  Ici la salle du festin,
Chaude et gaie, et là-bas l'âpre bise en furie
Couchant sur le sentier le pauvre, veuf de pain.

Et lorsque les glaciers, dont le flanc étincelle
Comme des yatagans nouvellement fourbis,
  S'éteignent dans l'horreur des nuits,
Les loups vers les cités, où la chair les appelle,
Dévalent en hurlant, du haut du Prat-d'Albis.

Ses crocs ont la blancheur des neiges de Pyrène,
Son œil roule du feu, sa langue rose pend,
  Un poil fauve revêt son flanc,
Son attaque est oblique et sa fuite soudaine ;
Le nectar de ce roi sauvage, c'est le sang.

Foix, octobre 1865.

XII

NUITS

—

I

Le spectre voilé du muet manoir
Découpe l'azur transparent et sombre ;
Le chœur sidéral, que tant j'aime à voir,
Du dôme des nuits diamante l'ombre ;
Tel est plein de feux ton beau grand œil noir ;
Le spectre voilé du muet manoir
Découpe l'azur transparent et sombre.

La lune, pareille à la serpe d'or
Qui brillait aux mains de la druidesse,
Sur l'horizon brun se balance encor ;
Mon sein est gonflé d'amoureuse ivresse ;
Nul bruit que le chant féodal du cor ;

La lune est pareille à la serpe d'or
Qui brillait aux mains de la druidesse.

Foix, avril 1866.

II

Du fantastique roc, tout noir dans la nuit brune,
L'énorme silhouette échancre le zénith ;
Un vent frais et furtif dans les feuilles frémit ;
    La hulotte siffle à la lune.

Foix, juin 1866.

III

    De son lit de rocheux décombres,
L'Ariége, au flot fougueux, sauvage et désolé,
    Poussait au sein des ombres
De longs gémissements, et les hautes tours sombres
    Dormaient dans le ciel étoilé.

Foix, avril 1866.

IV

Le ciel est noir, la terre est noire,
Comme la profonde mâchoire
Du sombre Érèbe ; par instant,
Un éclair livide et sanglant
Déchire l'ombre sépulcrale ;
C'est une nuit de désespoir,
De vent, de tonnerre et de râle :
La terre est noire et le ciel noir !

Foix, mars 1866.

XIII

LE MONTAGNARD

O sainte liberté, sois toujours ma compagne !
Foin des honneurs : je suis l'enfant de la montagne.

   J'eus pour berceau les roches
   Des faucons et des loups.
   Afin d'emplir vos poches,
   D'étaler grooms et coches,
   Courtisans, viles loches,
   Pelez-vous les genoux :
   Je nargue la fortune,
   Je méprise les rois ;
   Ma muse n'a de voix
   Que pour chanter la lune,
   Le soleil et les bois.

Laquais de la couronne,
Fastueux histrions,
Que le chef vous galonne
Et sans mesure donne
A votre faim gloutonne
Croix, écharpes, cordons :
D'aucune chamarrure
Mon cœur franc n'est jaloux ;
Vos hochets, vos joujoux
Pour moi ne sont qu'ordure ;
A vous, et rien qu'à vous

Les mornes Tuileries
Et les louches aguets ;
A moi les rêveries,
La terre et ses prairies,
Le ciel et ses féeries,
Dôme de mes palais ;
A moi des monts sauvages
Les sommets dentelés,
Les flots échevelés ;
Et vos vastes ombrages
Chênes écartelés.

A vous, sordide engeance,
Les titres, l'oripeau ;
Vampires de la France,
Nagez dans l'opulence :
Moi, de l'indépendance
Je porte le drapeau.
Pour boire dans du Sèvres
Être toujours rampant ?
Fi !... quand la soif me prend,
Moi je trempe mes lèvres
Dans l'onde du torrent.

De mes jeunes années
Vous les chères amours,
Géantes décharnées
Qui percez les nuées,
Mon âme, ô Pyrénées !
Préférera toujours
Pour mon front fier et mâle
Que ne souille aucun fard,
Aux lauriers de César,
A la mitre papale
Le béret montagnard.

O sainte Liberté, sois toujours ma compagne !
Foin des honneurs : je suis l'enfant de la montagne.

Foix, janvier 1865.

XIV

MATINÉE DE MAI

C'était au mois des douces choses.
Sous l'azur des cieux, grands ouverts,
Des riches coteaux point moroses
Ondulaient les luzernes roses
    Et les blés verts.

On entendait dans les feuillées
Frémir les brises du matin,
Et les linottes éveillées
Embecquaient paille, bourre et crin,
    Brin à brin.

Ivre des senteurs du fourrage,
Par les prés et les bois j'errais,
Heureux dans mon humeur sauvage
Qui chérit les voix et l'ombrage
  Des saintes forêts.

Mai 1867.

XV

LE VŒU DE JEPHTÉ

—

« Ils ont, ceux qui ployaient au joug nos fronts serviles,
  « Le champ du carnage pour lit ;
« Un ulcère rongeur couvre vingt de leurs villes,
  « D'Aroër à Mennith.

« Dans Israël sauvé je rendrai la justice,
  « Le ciel parlera par ma voix ;
« Mais je dois, avant tout, offrir le sacrifice
  « Promis au Roi des rois.

« Car sans lui, qui seul donne ou retient la victoire,
  « Nul chef jamais ne triompha. »
Ainsi parlait Jephté, resplendissant de gloire,
  Aux portes de Maspha :

Et voilà que du sein des murs, dans la campagne
      Sort une vierge au front serein ;
Gracieuse elle danse, et chante, et s'accompagne
      Avec un tambourin.

Aux sons de la cithare, un chœur de jeunes Juives
      En chantant et dansant la suit ;
Mais, plus funèbrement qu'un flot des sombres rives
      Sanglotant dans la nuit.

Jephté, dès qu'il les voit : « O barbare imprudence !
      « Vœu cruel ! au sang des combats
« Mêler le sang du meurtre !... oh ! cessez, chants et dans
      « Vous qui croisez vos pas,

« Vous qui sous le ciel bleu qui rit aux blondes orges
      « Chantez sur le psaltérion,
« Pleurez, vierges, pleurez et meurtrissez vos gorges :
      « Pour l'immolation

« La reine de vos jeux va me servir d'hostie ;
      « Maudit le jour où je suis né !
« La voix de la pitié dans mes entrailles crie,
      « Mais je suis enchaîné.

« Comme le tendre épi des champs sous la faucille,
« Innocente et suave fleur,
« Doux lys de Galaad,... eh quoi, mon Dieu!... ma fille?
« C'est ma fille, Seigneur! »

Le père au désespoir blêmit, chancelle et tombe,
Et déchire ses vêtements,
Et, morne, s'adressant à sa chère colombe
Aux gais roucoulements :

— « Astre de mes vieux jours, pourquoi de nos murailles
« As-tu franchi le fatal seuil ?
« Tu changes en cyprès le laurier des batailles
« Et l'allégresse en deuil!

« Hélas! en me trompant tu t'es aussi trompée,
« Car au Seigneur j'ai fait un vœu.
« O parole funeste et trop vite échappée!
« Dégagez-moi, mon Dieu;

« Grâce! n'est-ce pas trop, pour un combat prospère,
« D'exiger de moi cet effort?
« O ma fille! ô ma fille! est-ce donc à ton père
« De te donner la mort? »

Moins ferme qu'Abraham, il cède à la nature,
   Et, fondant en pleurs, dans ses bras
Il serre cette frêle et chère créature
   Qu'attend le noir trépas.

Ses compagnes alors, dont la pitié s'exhale
   En gémissements vers les cieux,
Jettent, dans leur douleur, la palme triomphale
   Et le nebel joyeux.

Mais elle : « O sœurs, pourquoi ces soupirs et ces larmes?
   « Je meurs, encore à mon matin,
« Mais c'est pour consacrer les exploits de nos armes :
   « Enviez mon destin.

« Et toi, père adoré, lié par ta promesse,
   « Je t'en conjure à deux genoux,
« Chasse de ton grand cœur une indigne faiblesse :
   « Mon sein s'offre à tes coups,

« Sache sacrifier ta fille à ta patrie,
   « Ammon n'est plus à redouter,
« Tu scelles sa ruine en m'arrachant la vie :
   « Frappe sans hésiter. —

« Sois fier de ton enfant comme moi de mon père,
« Ma mort du peuple est le salut :
« Mon âme de mon sein fuira, pure et légère,
« Comme le son du luth.

« Permets-moi seulement d'aller sur les montagnes
« Pour pleurer ma virginité
« Pendant deux mois, avec mes plaintives compagnes.
« — Va, répondit Jephté. »

Et s'en alla donc deux mois sur les montagnes,
Et pleura sa virginité,
Et reparut, avec ses fidèles compagnes,
Quand son temps fut compté.

Dans la triste Maspha, du bras de l'agonie,
Le pauvre juge d'Israël
Au cœur immaculé de sa fille chérie
Plongea le fer cruel.

Et, depuis cet antique et sanglant sacrifice,
Pendant quatre jours, tous les ans
Des vierges de Jacob s'assemble la milice
Pour de funèbres chants.

XVI

LE MEUNIER

Tic-tac! tic-tac!
Dorme le lac;
Mais toi, ma rivière joyeuse,
Miroir du saule et de l'yeuse,
Accours animer mon moulin.
Au choc des vagues bruissantes,
Pour moudre blé, maïs ou lin,
Tournez, tournez, meules puissantes :
Après un sac, un autre sac;
Tic-tac! tic-tac!

Là-bas, parmi les vertes branches,
Au bord d'un limpide cours d'eau,
Voyez-vous ces façades blanches?
C'est mon moulin, c'est mon château.

Le travail en chasse les peines,
Chaque jour produit son denier,
Gaîment s'envolent mes semaines :
Je suis Jean-Pierre le meunier.

   Tic-tac ! tic-tac !
   . . . . . . etc. . . . .

Sitôt que l'orient s'enflamme,
Poule, canard, oie et dindon,
Des mains de mon active femme
Reçoivent mil, salade et son ;
Mon jeune oiseau, ma fraîche fille
Balaie, en chantant, l'escalier ;
Elle excelle à tirer l'aiguille.
Je suis Jean-Pierre le meunier.

   Tic-tac ! tic-tac !
   . . . . . . etc. . . . .

Pour porter au loin la farine
Et charger du grain, il faut voir
Comme bravement je chemine
Avec mes mulets au poil noir !
Nul pic abrupt, nulle âpre crête,
Ne domptent leurs jarrets d'acier ;

Des glands rouges ornent leur tête,
Je suis Jean-Pierre le meunier.

Tic-tac ! tic tac !

. . . . . etc. . . .

Ils sont nés dans les Pyrénées :
Près de ces rudes montagnards,
Et palefrois et haquenées
Sont des bêtes de six liards.
Sur les ports les cavales mores
Rassurent moins le cavalier ;
Écoutez leurs grelots sonores !...
Je suis Jean-Pierre le meunier.

Tic-tac ! tic-tac !

. . . . . etc. . . .

Deux fois l'an, l'âme peu sereine,
Je vais au fisc payer l'impôt ;
Puis plus ne songe à roi ni reine
Le temps de mettre mon sabot.
Toujours, dit-on, un affreux rêve
Change en billot leur oreiller ;
Moi je goûte un sommeil sans trêve :
Je suis Jean-Pierre le meunier.

LE MEUNIER

Tic-tac! tic-tac!
Dorme le lac;
Mais toi, ma rivière joyeuse,
Miroir du saule et de l'yeuse,
Accours animer mon moulin.
Au choc des vagues bruissantes,
Pour moudre blé, maïs ou lin,
Tournez, tournez, meules puissantes :
Après un sac, un autre sac;
Tic-tac! tic-tac!

Août 1865.

XVII

ORAGE

—

Pareil à Béhémoth, un nuage au flanc bistre
Monte, à pas mesurés, de l'horizon sinistre ;
D'invisibles dragons, dans les antres de l'air
Préludent sourdement à leur sabbat d'enfer ;
L'oiseau gagne ses bois, le laboureur sa hutte ;
Chaque sombre élément se prépare à la lutte.
Est-ce l'heure qui doit voir s'éveiller les morts ?...
De l'univers troublé gémissent les ressorts.
Par Satan ! voilà bien le soleil des sorcières :
Un demi-jour livide éclaire les bruyères ;
Écoutez retentir la grande voix des vents,
Le chêne échevelé tord ses membres mouvants ;
Après avoir bondi, le taureau, qui s'arrête,
De son mufle sauvage aspire la tempête ;

Le firmament n'est plus qu'un funéraire drap.
Guerre! rage! sépulcre! hourra! hourra! hourra!
L'éclair luit et s'éteint, une âpre grêle tombe;
Pour couvrir les accords lugubres de la trombe,
La foudre ouvre à la fois ses cent gueules d'airain;
Du torrent débordé rugit le flot sans frein.

Mais l'orage s'apaise, et l'horreur diminue,
L'arc radieux d'Iris s'arrondit sur la nue :
Bulbul dans les bosquets lui module un *Ave;*
Les monts baisent du ciel le saphir ravivé,
D'un brouillard attardé la voile fuit rapide,
L'astre à l'éphod de pourpre et d'or brille splendide,
Et l'aile d'un zéphyr venu du paradis
Essuie avec amour les roses et les lys.

Octobre 1865.

LETTRE

DE M. FRANÇOIS V. HUGO, EN RÉPONSE
A L'ENVOI DE L'ODE SUIVANTE

Hanteville House, 12 novembre 1864.

« Monsieur,

« Mon père, un peu souffrant en ce moment, me charge d'avoir l'honneur de vous répondre. Vos vers sont la révélation d'une âme fière et le cri d'un cœur généreux; mais l'absence de signature leur ôterait beaucoup de leur force.

« Mon père, d'ailleurs, pour des raisons qu'on ne peut confier à la poste, ne pourrait faire ce que vous demandez.

« Il vous remercie et vous félicite.

« Gardez dans votre âme le saint enthousiasme de la

liberté : l'heure ne tardera pas . . . .
. . . . Vous aurez alors, comme tous les nobles esprits, de sérieux devoirs à remplir. Voilà ce que mon père me charge de vous dire.

« Recevez, monsieur, l'assurance de mes sentiments les plus sympathiques et les plus distingués.

« François V. Hugo. »

XVIII

FRANCE ET POLOGNE

—

Puissant Quatre-ving-neuf, aube sainte et chérie,
Quelle nuit te remplace! ô France, ô ma patrie,
Sur toi laisser ainsi piétiner et baver ? —
Une minorité parasite te mine ;
Ne vas-tu pas enfin secouer ta vermine
      Et ta face laver ?

Sors de ta léthargie, ô ma France féconde,
Ton glorieux destin est d'éclairer le monde,
Que l'indignation ravive ton flambeau,
Que l'indignation pénètre tout Tartare,
Que l'indignation soit ton Christ : ô Lazare,
      Lève-toi du tombeau.

Tout est à démolir : que pas dalle sur dalle
Ne reste, incendions l'Europe féodale
Et dispersons la cendre aux quatre vents du ciel ;
Courage ! infortunés qui n'aviez que l'absinthe :
Voici l'heure bénie où l'Égalité sainte
      Va distiller son miel.

Quelques crânes maudits font toute cette brume,
Toujours en quelque endroit le monde saigne ou fume,
O peuples, triste proie offerte aux conquérants,
Souffrir qu'un seul genou sur vos poitrines pèse !!!
Avez-vous oublié comment Quatre-vingt-treize
      Raccourcit les tyrans ?

Voyez de l'Orient la teinte douce et pâle ;
Sans doute de Phébus sur cette mer d'opale
Vogue vers nous la nef d'or et de diamant ;
C'est sans doute la jeune Aurore qui s'éveille,
Ses blonds cheveux épars, souriante, et vermeille
      Des baisers de l'amant ?

Hélas ! c'est le reflet d'une sanglante orgie ;
D'une province en deuil, dévastée et rougie,
Ce firmament de pourpre est le miroir lointain ;

Chaque brise est l'écho d'une voix sépulcrale,
Car une nation est égorgée et râle ;
   O terrible destin !

Blonds enfants, saints vieillards, les hommes et les femmes
Tout périt sous le fer de Cosaques infâmes,
 Ost d'un brigand que rien ne peut apitoyer (*) ;
Lorsque le vent apporte une odeur de cadavre,
O Pologne ! il nous dit (cela déchire et navre)
   Que tu n'es qu'un charnier.

Mais ne plaignons pas ceux qui forment l'hécatombe :
Le ciel est leur linceul, le champ d'honneur leur tombe,
 Ceux-là ne souffrent plus, ceux-là ne pleurent plus ;
Heureux ceux qui sont morts pour la mère patrie,
Heureux ceux qu'a broyés l'ignoble boucherie :
   Ceux-là sont les élus.

Mais, par delà les monts, sous la marâtre nue
Se déroule une plaine âpre, glacée et nue,
 Squelette dont l'aspect consterne le regard ;
Là l'immobile Mort semble être sans rivale,
A travers ces déserts, pourtant, par intervalle
   Passe un sinistre char.

(*) Mourawiew.

Quels sont ces voyageurs et le but du voyage?
C'est du muet exil le lugubre équipage :
L'oubli dans ces déserts neigeux va les sceller ;
Ces poitrines en proie aux angoisses poignantes,
Ces yeux rivés au ciel, gros de larmes brillantes
      Qui ne peuvent couler,

C'est ton sang le plus riche, ô Pologne éventrée !
Vaillants proscrits, adieu la liberté dorée :
La béante Tobolsk attend votre fourgon ;
N'aspirez plus qu'au ciel : votre oreille captive
N'entendra qu'une fois de la porte massive
      Grincer l'horrible gond.

Oh ! ne sentez-vous pas, vous Français, vous mes frères,
Sourdre dans votre sein de bouillantes colères ?
Quel égoïsme éteint les plus justes courroux ?
Quelle torpeur endort les plus saintes furies ?
Quel suc de bourbier coule en vos veines flétries ?
      Honte à vous ! honte à vous !

Pourvu que vous ayez du pain et des maîtresses,
Lâches ! vous restez sourds à toutes ces détresses :
Martyre des vaincus, cruauté des vainqueurs,

Rien de noble ne parle à votre âme en carie ;
Tes steppes désolés, ô morne Sibérie,
   Sont moins froids que leurs cœurs.

Oh! le libre désert et la libre cavale,
Fière, crinière au vent, du prompt simoun rivale!
Le ventre creux plutôt que le carcan au cou :
L'idéal du porc, c'est un toit et l'auge pleine,
Mais pour l'animal-dieu, mais pour la race humaine,
   Frères, est-ce là tout?

L'abjection du trône a gagné les guenilles,
Nos pères cependant rasèrent les bastilles,
Nul danger ne les vit reculer ou pâlir ;
Avec enthousiasme, ô France dégradée,
Ils savaient de concert, pour une grande idée,
   Et combattre, et mourir !

Ah! d'un œil terne et sec vous regardez ces crimes ;
A quoi bon vous parler de dévoûments sublimes,
D'honneur, de liberté, de droits saints et sacrés ?
Vos cœurs sont des marais où la lâcheté grouille,
Une épée est trop lourde : il vous faut la quenouille,
   Hommes dégénérés !

Des civiques vertus s'efface tout indice,
Je n'aperçois partout qu'opprobre et qu'immondice,
Le monde est dissolu,... te suivrai-je, ô Caton?
Non : mourir sur la brèche est le lot du génie;
Devant l'iniquité, devant la félonie
      Trembler et fuir?... non, non!

Aux coups du sombre enfer fussé-je seul en butte,
Terre! tu me verras continuer la lutte,
Jusqu'à mon dernier souffle, avec acharnement;
Que chacun de mes vers abatte, embrase, arrache,
Qu'il soit une tenaille, une torche, une hache,
      Et qu'il soit un ferment!

Êtes-vous donc plus mous que de rampantes loches?
Debout! à l'action! dépouillez de leurs cloches
Église et monastère, à bas les cabanons!
Enfants de l'Occident, à l'égout tous vos bonzes!
Rasez ces murs maudits et fondez-moi ces bronzes :
      Des canons! des canons!

Formidable, unanime ainsi qu'aux jours épiques,
France, hérisse-toi de sabres et de piques.
O vous les vrais héros, va-nu-pieds et manants!

Évoquant des aïeux l'électrique mémoire,
Allez faire flotter au vent de la victoire
      Vos drapeaux frissonnants.

Que jusqu'au dernier jet tout sang impur ruisselle.
C'est au nom de la paix sereine, universelle,
Que j'embouche et je fais dans les airs retentir
Une dernière fois le clairon des batailles ;
Du vieux monde je viens sonner les funérailles
      Et chanter l'avenir.

Oh ! d'un meurtre on ne doit jamais souiller sa vie,
Mais une hydre, on la tue, et le ciel y convie ;
Mais, pour aller frapper au cœur ce czar bourreau,
Avec ses légions de farouches sicaires,
Le doux Nazaréen vous dirait : « Sortez, frères,
      Le glaive du fourreau ! »

A ces monstres du Nord, guerre, et guerre à outrance !
Que ce cri, dans les cœurs de la guerrière France
Réveille un frénétique et délirant écho !
Pour mener tes enfants à de larges batailles
Ne surgira-t-il pas, France, de tes entrailles
      Quelque Kosciusko ?

En avant ! en avant ! plus de fers, plus d'entraves,
O Révolution ! répands à flots tes laves ;
Entendez-vous ces cris étouffés dans le vent ?...
— Aux armes, citoyens ! la Pologne succombe,
Aux armes ! allons faire un berceau d'une tombe ;
      En avant ! en avant !

XIX

ODE A LA FORTUNE

Fortune ! après Rousseau le barde,
Dont l'apostrophe ne vaut rien,
Sur toi je pointe ma bombarde
Pour t'envoyer un biscaïen.

Tu n'es, déesse, qu'une buse
Gorgeant d'or, toujours et partout,
Celui qui sottement en use,
Ou qui n'en use pas du tout.

L'un, fat qui devrait sous la verge
Ramasser le crottin des quais,
Dans sa berline se goberge,
Étalant de rouges laquais ;

L'autre, Crésus au cœur immonde,
Vit plus minable qu'un fakir,
Et ne connaît de joie au monde
Que de palper et d'enfouir.

Téton de coq ! c'est un spectacle
A vous faire sortir des gonds,
De voir trôner à ton pinacle
Les crétins et les harpagons.

Voilà, stupide gourgandine,
Voilà quels sont tes favoris :
Aux petits-fils de Mnémosyne
Jamais, hélas ! tu ne souris ;

J'ai donc raison, après le barde
Dont l'apostrophe ne vaut rien,
De pointer sur toi ma bombarde
Pour t'envoyer ce biscaïen.

Juillet 1866.

XX

UNE SOIRÉE DANS LES RUES

Un soir je flanais tout seul dans Toulouse,
Et, quoique en octobre, il faisait très beau,
Puisque je rêvais d'ardente Andalouse,
D'œil noir, de mantille et de boléro.

Le long des trottoirs, vaguement morose,
Je reluquais schall, dentelle et bijou,
Me disant qu'avec l'âme grandiose
Est fort malheureux qui n'a pas le sou.

Horace Flaccus, blamant l'opulence,
Préfère aux châteaux les humbles réduits,
Mais il n'avait pas, dès sa tendre enfance,
Lu vos contes d'or, *Mille et une Nuits.*

Le sage d'ailleurs vainement dégoise :
La plume est légère, et fous les amours
Jusqu'à dédaigner vierge villageoise
Pour une lorette aux coquets atours.

Fantasque en ce point, la nature humaine
Nargue d'un quidam l'oiseux baroco,
Par le bout du nez Cupidon nous mène,
Et notre raison fait souvent fiasco.

Le pied que revêt la souple bottine
Me mettra toujours sens dessus dessous,
Le fichu le cède à la palatine,
Des riches jupons j'aime les frous-frous.

Mais une comtesse est un objet rare,
Chaque amant n'a pas une Guiccioli;
Ah! que deviendrait, sans un bon cigare,
Le barde privé des trésors du lit?

Ainsi radotait ma pauvre cervelle,
Quand j'entends frémir un satin furtif :
Avec sa maman une demoiselle
Sur l'autre trottoir passait d'un pas vif.

Certes, sa démarche était souveraine,
Et je me souvins, en bien l'observant,
L'avoir tous les jours, plus d'une semaine,
Vue aux bains d'Ussat, une année avant.

J'étais amoureux de cette sultane,
Et je ne faisais danser qu'elle au bal ;
Nous volions de front aux courses à âne.
(Eh bien, cet a-a ne va pas trop mal.)

Je la suivis donc, à quelque distance,
L'œil fixe, et le cœur palpitant d'émoi,
Tout en ébauchant l'érotique stance
Déclarant mes feux et jurant ma foi.

Oh ! qu'une beauté soudain apparue
Calme un sein en proie aux mornes ennuis !
Pendant près d'une heure, et de rue en rue,
Je pus admirer la nymphe des nuits.

Ses pas résonnaient sur la dalle heureuse,
Concert plus divin jamais ne s'ouït ;
Mais, las ! tout prend fin : dans une chartreuse
Elle entre, s'enfonce et s'évanouit.

Je rôdai longtemps, stupide et sublime,
Observant comment l'astre au front blafard
Des arbres du clos argentait la cime ;
Quand je m'en revins, il était fort tard.

On n'entendait plus rouler les berlines,
Nul bruit ne montait des places aux toits,
Les marchands avaient fermé les vitrines :
Pas un lumignon, et pas une voix.

Un soir je flânais tout seul dans Toulouse,
Et, quoique en octobre, il faisait très beau,
Puisque je rêvais d'ardente Andalouse,
D'œil noir, de mantille et de boléro.

Décembre 1864.

XXI

BASTRINGUE

Dans vos boas de cuivre
Soufflez, soufflez, soufflez !
Que gagne-t-on à vivre
Constamment désolés ?
Gai ! donc, à la besogne :
Allons, que chaque trogne
Prenne sur l'instrument,
Rugissante gargouille,
Une ampleur de citrouille,
Un rouge de piment.
En avant ! danses folles,
Bruyantes farandoles ;
Comme des banderoles

Voltigez, blancs jupons ;
Ex-vierges et garçons
Mêlez vos tourbillons ;
Et zon ! zon ! zon ! violes :
L'âge d'or des amours
Ne luira pas toujours ;
Et turlutu ! la flûte :
Qu'on tourne et se culbute,
Qu'on saute et qu'on chahute ;
Oublions tous le cours
Du temps aux eaux fatales ;
Vivent les bacchanales !
Et clinn ! clinn ! les cymbales,
Rantanplan ! les tambours.

XXII

LE CHAR-A-BANCS

Je suis le seigneur du village :
Au milieu des rustiques toits
Ma maison blanche se dégage,
Ainsi qu'un chêne dans les bois.
Vif et prompt comme une hirondelle,
Fritz n'est rien moins qu'une haridelle :
Gare ! passants, gare ! passants,
Place, place à mon char-à-bancs !

Je fis jadis mon tour de France,
J'ai vu Paris, j'ai vu le roi,
Et notable est la différence
Entre un gros paysan et moi ;

Pour un rien à la métropole
Sur ces quatre planches je vole :
Gare! passants, gare! passants,
Place, place à mon char-à-bancs !

N'allez pas me croire un ignare :
J'ai fait mes classes de français,
Et plus d'un qui porte simarre
N'en sait pas plus que je n'en sais ;
Mais quand on est propriétaire,
La vie active est nécessaire :
Gare! passants, gare! passants,
Place, place à mon char-à-bancs !

Auprès de lui, toute voiture
Est femme grosse de huit mois.
Peu gigantesque est l'encolure
De mon hippogriffe ariégeois,
Mais il forcerait la gazelle,
Chacun de ses pieds est une aile :
Gare! passants, gare! passants,
Place, place à mon char-à-bancs !

Fallût-il la raser du ventre,
Il monte une rampe au galop;
Flic! flac! brrrom! tin! tin!... que je rentre
De la cité dans le hameau,
Ou que d'ici j'aille à la ville,
Il file, file, file, file :
Gare! passants, gare! passants,
Place, place à mon char-à-bancs!

Août 1865.

XXIII

COUCHER DE LUNE

Solitude et sommeil. Bulbul, par intervalles,
Modulait un soupir au calme universel ;
Des âmes des défunts les brumeuses cavales
Traversaient lentement le clair lapis du ciel.

Ce n'était point pourtant une des nuits funèbres
Où tout semble envahi par l'ombre des tombeaux :
Des brouillards voyageurs tempérant les ténèbres,
La lune se couchait derrière les coteaux ;

Et, diadème obscur de fantastiques bêtes,
Les arbres de leur front, que nul vent n'agitait,
Dressaient sur un fond d'or leurs noires silhouettes :
Mélancoliquement l'occident souriait.

Mai 1867.

XXIV

CHANT D'AMOUR

Tu partages le deuil, sympathique nature,
D'un cœur qui sert de cible aux âpres traits du sort ;
De tes bois attristés livide est la parure,
Bulbul se tait, le vent plaintivement murmure
      Comme un hymne de mort.

Sous ta mante en lambeaux le regret t'aiguillonne,
Au souvenir cuisant de tes riches atours ;
Par le feuillage mort que la brise d'automne
Enlève de son aile à ta pâle couronne,
      Tu pleures les beaux jours.

Pleurons, pleurons ensemble, ô nature ! ô ma mère !
— J'ai plus perdu que toi : matins de pourpre et d'or,

CHANT D'AMOUR

Corolle, oiseaux, senteurs, haleine printanière...
Qu'êtes-vous, qu'êtes-vous auprès de Bérengère (*),
    Mon amour, mon trésor ?

Si, du moins, je pouvais d'une voix solennelle
Moduler ma détresse en des nombres touchants !
Quand son sein est gonflé d'une douleur cruelle,
Le doux barde des nuits, la tendre Philomèle
Berce et calme sa peine au hamac de ses chants.

Mais des vers immortels dans ma veine épuisée
La séve ne court plus, mais de mon luth chéri
La corde trop tendue à la fin s'est brisée,
De l'inspiration l'idéale rosée
Ne vient plus visiter mon Éden défleuri.

La rivière au printemps coulait large et sereine,
Glace du ciel d'azur et des ombrages frais,
Qui, par le soleil d'août séchée, épanche à peine
De maigres filets d'eau dont la vague se traîne
    Sur d'arides galets.

(*) « Ce nom et celui de Théone, qu'on trouvera plus loin, sont de pure fantaisie.
« L'euphonie seule en a déterminé le choix. C'est ainsi que Lamartine a chanté
« une femme sous le nom d'Elvire, et que Parny célébra Esther de Baïf sous celui
« d'Éléonore. »

Thamyris éploré, j'ai de la poésie
Oublié les secrets, pour avoir trop souffert,
Moi qui voudrais tant faire aux prés de l'harmonie,
Joyau de volupté, ma sultane bénie,
De strophes un bouquet digne de t'être offert !

Comment éterniser sur ma naïve lyre
Ce bel œil noir qui rend esclave ton amant,
Ces cheveux, cette lèvre, objets de mon délire,
Et ta voix musicale, et ton divin sourire
        D'or et de diamant?

Je n'ai pas d'un Wagner la savante ressource,
Des ciseleurs de mots j'ignore les secrets ;
Mais sans habits brodés le vent poursuit sa course ;
De mon simple ruisseau la nature est la source,
        Dans les poétiques bosquets

Ma main ne peut cueillir qu'un rameau d'aubépine,
Mais un autre aurait-il ma candide ferveur
Et l'intime frisson de ma muse enfantine ?
Non, vierge : plus on sent et moins on imagine,
Et l'art vient du cerveau, mais l'amour vient du cœur.

Eh bien, mon cœur déborde, eh bien, mon âme est pleine,
Et comme un chœur ailé dans le matin riant
Chante, je chanterai, ma jeune souveraine,
Car je suis le pinson, et toi l'aube sereine,
Et Dieu créa l'oiseau pour chanter l'orient.

Ton souffle est embaumé, la voile des nacelles
Que gonflent les zéphyrs sur un golfe enchanté,
N'a pas les deux contours, ô belle entre les belles !
De ton sein ; tes dents sont de blanches sœurs jumelles,
Dans un linon d'émail gai groupe emmailloté.

Pour bercelet chacune a sa rose alvéole,
Moins rose cependant que le bouton divin
Qui fleurit, entouré d'une tendre aréole,
Sur tes pommes d'ivoire, où tout frémissant vole
Mon avide baiser, voluptueux lutin.

Un rempart de velours et de fine dentelle
Dérobe tes appas ; seuls mes yeux éperdus
Et ma main embrasée..... ô radieux modèle !
S'il t'avait entrevue en songe, Praxitèle,
Honteux de son ouvrage, eût brisé sa Vénus.

Oh ! le beau col de cygne et l'orteil diaphane !
Oh ! doux comme un satin et ronds comme une tour,
Ton mollet, ton genou, ta cuisse (mot profane !)
O suave moiteur des gazons quand on fane !
O pourpre sous l'ébène au creux du val d'amour !

Quelle extase d'aimer, ma charmante maîtresse !
Si le sépulcre est noir, que l'amour est vermeil !
Laisse-moi dénouer ton odorante tresse ;
Est-il au ciel des cieux une pareille ivresse ?
Un sang plus chaud court-il aux veines du soleil ?

Du séjour dont nulle âme encor n'est revenue
Je ne convoite pas les plaisirs éthérés,
Pourvu que le sultan des flots et de la nue
Me laisse, avec ta gorge et ton épaule nue,
L'enlacement de feu de tes bras adorés.

Si le soir de ma vie en dément les prémices,
Comme Adam regardant Éden derrière lui,
J'attacherai mon âme à ces jours de délices
Où des songes d'amour les riantes milices
Guidaient vers toi mes pas dans l'ombre de la nuit.

Les brises murmuraient un langage mystique,
Chaque bloc d'un fantôme affectait les contours,
A mes pieds le torrent beuglait sa plainte épique,
Et le hibou soufflait dans le roc fantastique
   Des féodales tours.

Tandis que le sommeil sur la ville muette
Planait languissamment dans les airs ténébreux,
A la molle clarté d'une lampe discrète
Mon amante attendait son chevalier poète,
   Et bientôt nous n'étions plus deux.

Oh! que de sourds baisers, ma belle Bérengère,
De soupirs étouffés, en ces divins instants!
Amours, gonflez ma voile et cinglons vers Cythère :
Si Jéhovah jamais descendit sur la terre,
Ce fut pour contempler un couple de vingt ans!

Vivre sans le nectar de ces folles veillées
Où tu me dévorais de ta bouche de miel?
Non : la mort scellera plutôt nos destinées,
O port de ma nacelle, aiguail de mes feuillées,
Escarboucle de grâce, Hespérus de mon ciel!

Eh quoi! peut-on prescrire un terme à la rafale?
Changer en agnelets les vigoureux taureaux?
En inertes glaçons l'ardeur méridionale?
En lac muet la mer, quand la voix sidérale
      Met en démence tous ses flots?

Calme souvent dit gouffre, et la lave indocile,
Des cratères neigeux s'échappe avec fureur;
Ainsi des passions, sous un masque tranquille
D'innocente pâleur, dans mon sein la sibylle,
Orageuse et brûlante, a pour trépied mon cœur.

Mais ma flamme n'est pas de ces flammes banales
Qui ne peuvent durer qu'en changeant d'aliment;
Je laisse au vice abject ses noires saturnales :
Poésie et vertu sont les douces vestales
Qui sur mon pur foyer veillent incessamment.

Aux traits empoisonnés d'une œillade lascive
Quand ma chair corruptible a par hasard frémi,
Mon pieux souvenir, sentinelle attentive,
Fidèle à ton amour comme un lac à sa rive,
A toujours repoussé le perfide ennemi.

Misérable est don Juan, dont l'aride inconstance
Demande au Styx du doute un terme à ses ennuis ;
Pour moi le sentiment dore seul l'existence,
O vierge ! à ton amant le temps ni la distance
Ne feront oublier ces ineffables nuits.

Quand je m'en revenais, le croissant de Cynthie
Brillait sur les créneaux, auprès de Sirius,
Et rayons, souffle, éther,... tout vivait de ma vie;
O radieux transports de fraîche poésie,
      A jamais disparus !

Je vais souvent revoir l'antique seuil de pierre
Où mon cœur palpita comme une feuille au vent,
Le matin du départ, quand, sous l'arceau de lierre,
Toute rose je vis surgir ma Bérengère,
      Mon bel astre vivant !

En cet endroit sacré mon âme prend racine,
J'y songe à l'âge d'or et me sens frénollir ;
D'un féerique palais la porte adamantine
Ne vaudrait pas pour moi cette arcade en ruine
      Où flotte un souvenir.

Il n'est pas de retraite en ce val de Pyrène,
Admirable Tempé, chère à ton ménestrel,
Où, mêlée aux soupirs de la source et du chêne,
De mon luth amolli quelque strophe à ma reine
  N'ait volé vers le ciel.

Ton nom, suave note, ô belle Bérengère !
Rehausse le plain-chant de mes terrestres vers,
Et dans leur terne essaim luit, précieuse pierre,
Ainsi que le corail et la nacre perlière
Parmi les vils graviers du rivage des mers.

Chaque siècle au suivant l'apprendra, douce fée ;
Le pèlerin futur visitera les lieux
Qu'a foulés avec toi ton jeune coryphée ;
Comme au fleuve de Thrace illustré par Orphée,
Un charme planera sur leur gave écumeux.

J'ai juré guerre à mort à la force, à la ruse,
Mais, quand avec mes vers, terribles yatagans,
Impavide, j'aurai décapité Méduse,...
A toi je reviendrai chaste et rêveur ; ma muse,
  Quand elle aura longtemps,

Aux quatre vents du ciel, d'une voix rauque et pleine
Crié le mot sacré de Révolution,.....
Pour dire tes baisers, ton regard, ton haleine,
Tendre, demandera la molle cantilène
     A son plus doux psaltérion.

Et tu partageras ma gloire de poète :
Le nom de Dante fait songer à Béatrix ;
Ton image luira dans mon œuvre inquiète,
Comme dans le brouillard noir encor de tempête
     L'arc radieux d'Iris.

Que me fait l'infortune et ses rudes entraves ?
Appuyé sur l'amour, rien n'effraiera mes pas ;
J'ai la foi des élus, le courage des braves ;
Table de mets exquis, jardin de fleurs suaves,
Tous les trésors du monde en toi ne sont-ils pas ?

Aime-moi donc toujours, de mon âme chagrine
Sois le baume : s'aimer, c'est prendre un vol à deux
Au sein de l'infini, vers l'essence divine ;
Le lyrisme confus qui gonfle ma poitrine
Ne peut s'épanouir qu'à ton souffle amoureux.

Du mensonge jamais ne te fais une égide,
L'un pour l'autre soyons sans tache ni repli :
Je veux voir jusqu'au fond de ton âme limpide,
Comme on voit à travers mon Ariége rapide
  Les cailloux de son lit.

La mienne, quoique fière et morose, est aimante :
Pour un baiser de toi, j'affronterais les flots
Où Léandre périt sous la vague écumante,
L'œil tourné vers le phare allumé par l'amante
  Sur la tour de Sestos.

Les fauves habitants de l'antre solitaire
Accomplissent en paix leurs sauvages amours,
L'ours lèche ses oursons, la louve sanguinaire
Allaite ses petit, et nous..... ô Bérengère !
Es-tu moins que la louve, et suis-je moins que l'ours ?

Mon orgueilleuse joie eût été sans égale
Si j'avais pu te voir bercer notre angelet
Sur ta poitrine aimée...; ah! douleur infernale!
Une mamelle aride, inconnue et vénale
  L'infecte de son lait.

Pourquoi donc deux amours déchirent-ils mon âme?
Puisque je suis amant, pourquoi donc suis-je fils?
Pourquoi donc, étant fils, t'aimé-je, ô douce femme?
Pourquoi la flamme, hélas! combat-elle la flamme?
— Poignardé par deux bras également chéris!

Mais je suis père aussi, mais il faut que tout cède
Devant ce sentiment plus fort que le tombeau;
En attendant la fin du tourment qui m'obsède,
Appelle-la du nom mélodieux d'Orède,
      Car les monts furent son berceau.

Et toujours liberté : je fuis comme la peste,
Et l'échevin obèse, et le prestolet noir;
Contrôle, préjugés,... foin de tout : je proteste,
La voûte de mon temple est le dôme céleste,
Mon Dieu, c'est la Nature, et mon joug le devoir.

Qu'un stupide public glose et bave, mon âme
Joint la fierté du pic aux fougues du torrent;
Il t'estime flétrie et me déclare infâme;
Garde-moi ton amour, ineffable dictame,
Et laisse-les crier : ton rôle est saint et grand.

Du génie anxieux adoucir les tortures,
Rose dans ses cyprès, inaltérable jour
Dans sa funèbre nuit..., voilà tes flétrissures;
Dans leur virginité combien qui sont moins pures
    Que toi dans ton amour!

Ton amour est l'essence, et mon cœur est l'amphore;
Mon vers la Propontide, et ta beauté Stamboul;
Pour couronne mon ombre aura ta fraîche aurore,
Et l'avenir dira (comme : « Pétrarque et Laure ! ») :
    « Bérengère et Raoul ! »

1865-1866.

XXV

LA MISSION DU POÈTE

Lorsque, morne et songeur, m'éloignant de la ville,
Aux bois silencieux je demande un asile
Où je puisse à loisir vaguement méditer
Et laisser mon beau rêve aventureux flotter
De ce monde actuel aux visions sereines
Que font de l'idéal éclore les haleines ;
Vous croyez, travailleurs, que je suis ici-bas
Un parasite oisif, et vous ne savez pas
Que la tâche du barde est une rude tâche,
Que je suis, comme vous, à l'œuvre sans relache,
Que le penseur muet, au pâle front lauré,
Est un martyr de mille angoisses dévoré ;
Et que des maux d'autrui mon cœur qui saigne et souffre,
Écoute tout sanglot et sonde chaque gouffre,

Et pleure amèrement, car il voudrait, ce cœur,
Dans la plaine fleurie un hymne de bonheur ;
Et que ma tête, c'est une ardente fournaise
Où la pensée est lave, où le désir est braise ;
Oh ! vous ne savez pas que des guerriers de l'art,
Dont l'éternel progrès est le seul étendard,
Même le moins hardi, même le moins austère,
Chacun boit sa ciguë ou monte son Calvaire,
Qu'en moi le même esprit brûle, et que s'il fallait
Rompre une chaîne, abattre un trône, on me verrait
Quitter pour l'action le domaine du rêve,
Abandonner la lyre et me saisir du glaive,
Digne fils du héros mort à Missolonghi !
Le généreux poète est chêne et non pas gui.
Oh ! puissé-je guérir l'humanité souffrante,
Vivant écho de Dieu, d'une voix fulgurante
Puissé-je aux quatre coins du monde épouvanté
Crier ces deux mots saints : Amour ! et Liberté !
Et voir à mes accents la léthargique foule
Ouvrir les yeux, frémir, devenir chair de poule,
Et pâlir et rougir à l'aspect de ses fers,
Et bientôt ressembler aux orageuses mers.
Oh ! que mon vers n'est-il une épée, une foudre,
Pour pouvoir déchirer et pour réduire en poudre ?

Un soc, pour défoncer les steppes désolés
Où la funeste ivraie étouffe tous les blés?
Pauvre corps social que ronge la gangrène,
Au prix de tout le sang qui coule dans ma veine
Je voudrais te purger des prêtres et des rois,
Mourir pour ton salut cloué sur une croix.
O peuple! lève-toi : l'heure sonne et t'appelle;
C'est du chaos que sort cette terre si belle;
Toi jadis la colère et la rébellion,
Secoue avec orgueil ta crinière, ô lion!
Dans un lâche repos ta griffe souveraine
S'émousse; éventre-moi le despotisme, hyène
Qui suce ton cadavre, aimant l'odeur des morts,
Et brise à tout jamais tes rênes et tes mors.
Ressuscite, il est temps! jette au loin ton suaire;
Notre globe n'est plus qu'un lugubre ossuaire,
Mais ta colère peut le changer en Éden :
Démolis le vieux temple, et tu verras soudain
Le royaume des cieux fleurir sur ses décombres,
Et le phare éternel surgir du sein des ombres.
En avant! en avant!... même sans savoir où.
Vous allez me traiter d'utopiste et de fou,
Égoïstes aux cœurs de pierre, à l'âme double,
Qui pour principe avez de pêcher en eau trouble;

Mais un jour votre Dieu tombera sous le mien,
Vous les soldats du mal, moi l'apôtre du bien,
Car j'ai le feu sacré que le ciel vous dénie,
Car vous dites désordre et je dis harmonie,
Car le vil intérêt s'attache à votre flanc,
Car vous avez au cœur de l'encre au lieu de sang,
Car vous dites calcul quand je dis sacrifice,
Car vous partez du fait et moi de la justice,
Car la colombe doit triompher de l'autour,
Car vous êtes la haine et moi je suis l'amour,
Car vous êtes la nuit et moi je suis l'aurore,
Car vous êtes éteints et moi je brûle encore !

Foix, juillet 1864.

XXVI

SIMPLISME ET COMPOSISME

L'un me dit : « Ne vous mêlez pas
« Dans vos chansons, de politique ;
« Au jeune Amour, aux frais appas
« Tendez le miroir poétique.

« N'imitez pas de l'ouragan
« Les impétueuses furies,
« Laissez le pape au Vatican,
« Et Pierre ou Paul aux Tuileries.

« Devant la force : ainsi soit-il !
« C'est plus prudent que d'être rogue :
« Chassez un mâtin du chenil,
« La place est prise par un dogue.

« Que vous importe que les rois
« De leurs peuples soient les vampires ?
« D'un vif et pétillant minois
« Les œillades et les sourires

« Inspireront mieux votre luth,
« Et n'indisposent pas la foudre ;
« Jouissez gaîment et sans but,
« Avant de redevenir poudre.

« Rien n'est plus brute et plus cruel
« Qu'un despote quand on le vexe,
« N'ayez de tourment, ménestrel,
« Que les trahisons du beau sexe.

« Indéchiffrable est l'avenir,
« Se dévouer, c'est être dupe,
« Tout Encelade est mort martyr,
« Pour bannière adoptez la jupe.

« Vous échoueriez en restant ours,
« Ne démasquez pas les infâmes,
» Célébrez guipure et velours :
« On réussit bien par les femmes. » —

Un autre me dit : « C'est trop tard
« Pour traiter un sujet futile ;
« On ne veut plus de l'art pour l'art :
« Cherche l'idéal dans l'utile.

« Assez de poètes galants
« Nous ont débité des fadaises ;
« Puisque tes pensers sont brûlants
« Comme la fonte des fournaises,

« Des temps nouveaux sois le Byron,
« Égorge toute hydre en son antre,
« Et que la Révolution
« Puisse te proclamer son chantre.

« Ce n'est pas avec un soupir
« Que tu feras la table rase :
« O barde ! il faut vaincre ou mourir,
« Mets le Vésuve dans ta phrase ! » —

J'étais dans un grand embarras
Pour les contenter l'un et l'autre :
L'un ne rêvait que falbalas,
L'autre me souhaitait apôtre.

Et, dans l'irrésolution,
M'adressant à mon Immortelle :
O Muse! lequel a raison?
— « Aucun et tous deux, me dit-elle.

« Au doux et courtois troubadour
« Joins le protestateur sauvage :
« La colère est sœur de l'amour,
« Iris est fille de l'orage.

« Celui qui commande à la mer,
« Selon le devoir qu'il s'impose,
« Après avoir forgé l'éclair
« Se complaît à peindre la rose.

« La tendresse et l'austérité
« Sont les deux faces du génie :
« Des couronnes à la beauté;
« Des gibets à la tyrannie!

« Et surtout, ne néglige point
« Les calmes hameaux pour la ville,
« Pour le glaive la fourche à foin :
« Ta fibre convient à l'idylle. » —

L'inspiratrice de mes vers,
Que n'emprisonne nulle caste,
Me fit voir par tout l'univers
Le sceau magique du contraste.

Depuis lors, mon très-cher lecteur,
Je promène ma voix sincère
De l'ïambe flagellateur
A la conzonnetta légère.

Vous, champs aimés, plus d'une fois
Je viendrai mêler mes préludes
Aux concerts des merles des bois
Dans les pensives solitudes.

Vous plus mobiles que le vent,
Omnipotentes souveraines,
O femmes ! vous m'avez souvent
Accablé de mortelles chaînes ;

Mais, suave rayon béni,
Vous dorez tombes et ruines,
Mais vous nous ouvrez l'infini,
Mais vous êtes presque divines !

Vous me verrez toujours pour vous
Dévaliser Thétys et Flore ;
Mais vous, taupes, vipères, loups,
Vous que profondément j'abhorre,

Hâtez-vous de vous évader,
Vite ! tyrans, gare les bagnes :
Je prendrai pour vous lapider
Tous les rochers de mes montagnes.

Foix, décembre 1865.

LETTRE DE GEORGE SAND

A M. FRANÇOIS ROLLINAT, EN LUI RENVOYANT LE
MANUSCRIT DU POÈME SUIVANT

Nohant, 29 juillet 1867.

Cher ami. Je n'ai pu voir M. Lafagette qu'un instant. J'étais souffrante, et mes enfants m'emmenaient de force à la promenade. Je l'ai donc appelé en conférence sur la route, en passant à Vic. Puisque tu t'intéresses particulièrement à ce jeune homme, qui par lui-même, d'ailleurs, me paraît intéressant, je désirerais être à même de lui donner un bon conseil. Mais en fait de poésie *montée de ton* comme celle-ci, je suis un mauvais juge. J'ai trop fait de parodies de ce genre dans nos gaîtés de famille, et tu m'as trop donné l'exemple, coupable que tu es de chefs-d'œuvre *ébouriffans*, pour que je puisse jamais prendre au sérieux les strophes échevelées des jeunes disciples de cette école.

Et pourtant, je ne voudrais pas être injuste : celui-ci a des éclairs dignes des maîtres et à côté de puérilités emphatiques, il a du vrai souffle, des expressions heureuses, de l'habileté de langage et de l'inspiration. Ce qu'il fait est souvent mauvais, parfois très beau, rarement médiocre. Ce serait grand dommage de le décourager, et je crois que le bon conseil à lui donner, s'il voulait le recevoir, serait celui-ci :

« Faites des vers encore et toujours, mais n'en publiez pas encore. Attendez que votre goût se soit formé, et que vous sentiez pourquoi on vous donne cet avis. C'est à vous de le trouver *vous-même*. Autrement toute critique vous semblera pédante et arbitraire, et vous nuira au lieu de vous profiter. »

J'avais l'idée d'adresser M. Lafagette à Théophile Gautier, qui est un meilleur juge que moi. Mais outre que je ne sais trop s'il ne m'enverra pas promener, je crois être sûre, à présent que j'ai lu avec attention l'opuscule entier, que son jugement serait conforme au mien. Toutefois si M. Lafagette persiste à le voir, je lui donnerai une lettre. Théophile est très bon, comme un grand artiste et un vrai maître qu'il est en *l'art des vers*, et je ne pense pas qu'il décourage ce jeune homme.

Mais que va-t-il faire à Paris, après ces malédictions jetées à la moderne Babylone? C'est l'amour de la montagne et l'enthousiasme de la solitude qui l'ont inspiré. Il m'a dit, vouloir *se lancer dans la vie littéraire* : qu'est-ce que c'est que cela? Où ça se trouve-t-il? qu'entend-il par là? J'ai cru d'abord que c'était un éditeur qu'il voulait trouver, et je lui ai dit la vérité. Eût-il une préface de Victor Hugo, il lui faudra probablement faire les frais de sa première publication. Aucune recommandation ne lui servira quand il s'agira pour un marchand de littérature de risquer une somme quelconque. Les revues et journaux littéraires sont encombrés de poésie et en consomment fort peu. Ils n'accepteront pas le côté pamphlétaire de la chose. C'est trop hardi pour eux — et d'ailleurs ils ne le pourraient pas. Je ne vois donc pas comment je pourrais être utile à ses débuts.

Quant à la vie littéraire, je ne la connais pas. Je ne connais pas de milieu littéraire où elle s'exprime et se manifeste de manière à lui être accessible, avant qu'il n'ait fait preuve de maturité, c'est à dire que je ne connais intimement que des vieux comme moi.

Résume tout cela à sa famille et à lui comme tu l'entendras. Pour être utile aux gens il faut les connaître et savoir leur présenter les choses. Autrement on les blesse sans les éclairer.

A toi de cœur, mon vieux ami.

George SAND.

XXVII

SPLEEN

POÈME LYRIQUE EN QUATRE CHANTS

CHANT I

A peine à mon foyer de rares étincelles,
La cendre a tout éteint sous son linceul vainqueur ;
Ne m'interroge pas, ma tristesse est de celles
Qui veulent le silence et le secret du cœur.

Désormais plus d'azur, plus de riante touffe,
Mes massifs ont subi des souffles empestés,
Ma poésie est morte et la prose m'étouffe,
Du fleuve limoneux de mes jours détestés

La rive est solitaire, aride et monotone,
J'ai vu se disperser mes rêves d'autrefois
En mornes tourbillons, ainsi qu'au vent d'automne
Dans les vallons déserts les feuilles de nos bois.

Dès longtemps tout s'offrit à mon âme inquiète
Dépouillé de prestige et sous un jour fatal,
La fleur masquant le ver et la chair le squelette ;
Tel j'étais, quand, pareil au consolant fanal

Qui jette sa lueur sur la mer en furie
Et ranime l'espoir mourant des matelots,
Ton radieux amour se leva sur ma vie,
Fragile esquif battu de tant de sombres flots.

J'allais enfin noyer mon œil dans une aurore,
Respirer le bonheur, m'enivrer de clarté,
Mais, hélas ! ce ne fut qu'un trompeur météore
Qui devait m'abîmer dans plus d'obscurité.

Voir en rêve une forme adorable, inconnue,
Pour l'enlacer ouvrir ses bras comme un géant
Et, bien près d'être un dieu, sur sa poitrine nue
O misère ! ô vertige ! étreindre le néant ;

Et sentir que l'on n'est qu'un peu de boue immonde
Qu'un vain souffle vital, fragile bulle d'air,
Anime, et dans la nuit anxieuse et profonde,
Impuissant et maudit se tordre comme un ver ;

J'en jure par le ciel, telle est ma destinée.
O toi ! qui me versas les flots de ton amour
Pour faire reverdir chaque tige fanée
Et changer mon enfer en céleste séjour,

Ne savais-tu donc pas que le cœur du poète
A plus soif d'idéal que le tigre de sang ?
Que, tandis que pour tous la vie est une fête,
L'âpre goule du spleen lui dévore le flanc ?

Ton grand œil noir rêveur joint, ô ma bien-aimée,
Les ombres de l'Érèbe à tous les feux du ciel,
Ton sein est ravissant, ton haleine embaumée,
Des pelouses d'Hybla ton baiser est le miel.

La peau de ton beau corps, que le velours dérobe,
A la fine blancheur du lys de mai, ton teint
Est plus frais et plus pur que l'écharpe de l'aube,
Que la rose en bouton qui n'a vu qu'un matin.

Dans le corail ta dent est la perle enchâssée,
Et ta bouche vermeille est la grenade en fleur,
Ta longue chevelure ondoyante et tressée
Te fait un diadème, ô reine de mon cœur!

Ta taille a du palmier l'élégante souplesse,
Ta voix a la douceur d'un souffle de berceau,
Sur ta main de houri, suave enchanteresse,
Elle-même Vénus a mis son divin sceau.

Ainsi qu'autour de l'astre une tendre aréole
De sereines vapeurs, léger voile nacré,
Flotte et s'étale, ainsi qu'autour de la corolle
Voltigent les parfums dont l'air est enivré...,

Ton âme de ton sein, jeune flamme joyeuse,
Émane palpitante et s'épand au dehors;
Lorsqu'elle te créa, la Nature amoureuse,
De sa coupe de grâce épuisa les trésors.

Ces joyaux de beauté c'est moi qui les possède,
Ils ne sont qu'à moi seul ces joyaux de beauté,
Et pourtant, et pourtant! le noir souci m'obsède,
Par cet hôte cruel je suis toujours hanté.

N'espère pas qu'un jour le soleil de la joie
Vienne à mon horizon ténébreux rayonner ;
Enfant, je suis le gouffre où la gaité se noie
Et ta nef sans péril ne peut le sillonner.

Parfois, douce au malheur, la corolle étoilée
Loin des riants jardins adopte pour séjour
Un antique débris pensif d'arche écroulée ;
Tel sur mon triste sort a fleuri ton amour ;

Mais il n'est pur éclat, il n'est grâce divine
Qui puisse rajeunir ce qu'a détruit le temps,
Je n'en reste pas moins, enfant, une ruine ;
Auprès de mon hiver la tombe est un printemps.

Ce n'est pas que je sois un fils de la débauche,
Un de ces jeunes gens abrutis et blasés
Dont le cœur est encor plus vide que la poche,
Fiers de ne rien sentir….. honte à ces insensés !

Mes lèvres ont brûlé plus d'une épaule nue,
Mais toujours dans mon ciel erre le fol essaim
Des chimères d'amour qui du haut de la nue
Font pleuvoir les lilas de leur suave Éden.

Le frôlement furtif d'une robe de soie,
Une senteur chérie, un refrain de chanson,
Une beauté soudaine apparue en ma voie,
Me pénètrent d'un vague et céleste frisson.

Quand j'ai cru dans mon sein les passions calmées,
O valse! ton vertige a transformé souvent
Les tisons amortis en torches enflammées;
Mon cœur qui s'émeut plus qu'un brin de plume au vent,

Que le cerf des forêts endormi sous l'érable,
Quand retentit la voix féodale du cor,
Aux flèches de l'Amour n'est pas invulnérable;
Le vermeil archerot peut le blesser encor.

Cher amant, me dis-tu, de quels pensers moroses
Au sein de notre amour es-tu donc obsédé?
Quels rameaux de cyprès se mêlent à tes roses?
— C'est qu'avant mon bonheur un autre a possédé....,

Un autre!... un bouc lascif pétri de mille fanges
Écoutant de ses sens les brutales fureurs
A, s'approchant de toi que vénéraient les anges,
De ta virginité fauché les douces fleurs.

O toi! que je bénis jusque dans ma détresse,
Éternel axe d'or, pivot de diamant,
Centre fascinateur autour duquel sans cesse
De l'homme tourneront la joie et le tourment,

Perle ravie aux cieux, tendre merveille, ô femme!
Je ne viens pas jeter mon insulte à ton front :
Avant qu'à ce degré je sois dur, lâche, infâme,
Sur mes os refroidis mes chairs se sécheront.

C'est l'homme qui vous tend cent embûches traîtresses
Et des chutes qu'il cause affiche le bilan ;
Oh! mon âme vous plaint, fragiles pécheresses,
Charmants oiseaux sur qui plane le noir milan.

Tu peux le dire, toi dont ma pensée est pleine,
Que mon cœur à demi ne sait pas s'attacher ;
Mais c'est précisément ce qui cause ma peine,
Mais d'un triste retour je ne puis m'empêcher,

Que veux-tu, mon amour, ma charmante maîtresse,
Ce souvenir cruel me déchire le cœur :
Le fantôme odieux à mes regards se dresse,
Je le vois toujours là, l'immonde séducteur.

C'est pour te préserver d'une autre flétrissure,
Oui, c'est pour raviver, enfant, tes premiers lys
Que moi-même (oh! c'est bien pour cela, je le jure!)
Sous mes embrassements, hélas! je t'avilis.

Mais que dis-je!... ô mon Dieu! lorsque l'âme est candide,
Que les sentiments sont plus purs que le cristal,
L'étreinte, réponds-moi, peut-elle être sordide?
Et le souffle funeste à l'éclat virginal?

Je t'aimerais encor mieux morte que souillée;
Que n'a-t-il sous le fer, ta lutte l'irritant,
Abattu sans pitié ta tête immaculée,
Plutôt que d'y poser sa lèvre de Satan?

Quel bonheur ineffable au lieu de mon martyre
Si ton cœur à mon cœur vierge se fût livré!
Oh! malédiction à cet affreux satyre!
Oh! malédiction à ce jour abhorré!

Je passe bien souvent, l'âme sombre, inquiète,
Près des lieux de ta chute et m'arrête en chemin,
Regardant tour à tour dans ma douleur muette
La maison, la terrasse et le petit jardin.

Tout m'y semble affecté d'une étrange structure,
Livide, maladif... la dalle de ce seuil
Semble suer encor le meurtre et la luxure ;
Oui, tout me redit bien que là fut ton écueil.

L'aspect de ce séjour attise mes souffrances,
Là l'arbre est rabougri, là l'air est étouffant,
Là des cruels pensers les innombrables lances
Comme un autre Codrus me frappent ; pauvre enfant !

A peine ses quinze ans quand dans ces murs, me dis-je,
Constamment à l'affût, ce Méphistophélès,
Profitant sans remords d'un instant de vertige,
Après tant d'assauts vains, hélas !... mais je me tais.

En repassant les traits maudits de cette histoire
Un immense regret tourne et glace mon sang ;
De ces jours engloutis la fatale mémoire
Empoisonne pour moi le charme du présent.

O maudite gorgone ! ô stryge Anatomie !
A quoi bon, à quoi bon disséquer le bonheur
Jusqu'à ce qu'il n'en reste, hélas ! qu'une momie
Maigre, inerte, poudreuse et laide à faire peur ?

Ta main des frais rosiers de l'heureuse jeunesse
Effeuillant chaque fleur, ne laisse que le dard;
Nul astre ne peut luire au ciel de ma tristesse :
D'une tête coupée, effroyable au regard,

Arrachant la prunelle et dénudant la bouche,
Pour chasser le chagrin quand je fais un effort
Soudain tu me fais voir, écorcheuse farouche,
L'affreux rire muet de l'ironique Mort.

Salut! salut à toi, Nature tutélaire,
A toi dont la tendresse est un matin sans soir
Et qui seule ici-bas, compatissante mère,
Consoles sur ton sein mon jeune désespoir.

Lorsque sous les cyprès disparaissent les roses,
Lorsque de la douleur le front garde le pli,
Le poète, accablé de ses pensers moroses,
Tourne toujours vers toi son visage pâli.

D'un amour filial, ô Nature! je t'aime,
Surtout en mon pays que dore le soleil,
Mon pays qui toujours me servira de thème,
Mon pays enchanté : le doux Midi vermeil.

C'est là, c'est là que l'âme en rêves s'évapore,
Là que la terre semble un sourire de Dieu,
Là que sur le velours d'une magique flore
Étincelle l'insecte aux élytres de feu;

C'est là que la Nuit brune est belle sous ses voiles
Comme une sénora, c'est là que de la nuit
Le dais d'azur est sombre et pailleté d'étoiles,
Que tout de volupté crépite, et qu'au zénith,

Des pages d'Aurora la clandestine bande,
Dès qu'Apollo s'endort et que l'ombre emplit l'air,
Danse une lumineuse et folle sarabande
Aux fantasques accords des brises de l'éther.

C'est là le rendez-vous de toutes les féeries,
Là que le point du ciel d'où rayonne le jour
Est un resplendissant foyer de pierreries,
Et le cœur de la vierge un cratère d'amour.

O Muse! éloignons-nous des bouges et des bagnes
Où toujours le plus cuistre au pinacle est porté :
A nous les vents sans joug et les grandes montagnes,
A nous Dieu pour monarque, à nous la liberté!

Les hommes me sont presque étrangers : j'ai pour frères
Le flot qui bat des bords que moi seul je connais
Et les vieux rocs pensifs au fond des bois austères ;
J'abhorre les cités et chéris les forêts.

Grotte dédaléenne où tout rayon abdique,
Antres noirs de hibous funèbres habités,
J'aime l'architecture altière et chaotique
De vos ciels inégaux, sculptés, déchiquetés.

Le silence imposant d'une masse rocheuse
Vierge de pas humains a toujours apaisé
Les fluctuations de mon âme orageuse :
Tel s'assoupit le pleur d'un nourrisson bercé.

J'en atteste Pyrène ! harmonique Nature,
Dans la sérénité magique de ton sein
S'éteint ma plaie ardente, ainsi qu'une brûlure
Quand dans une onde fraîche on plonge et tient sa main.

S'il est un cœur rassis, un artiste vulgaire,
Machinal photographe à l'œuvre sans émoi,
Certes, il ne peut pas plus me dire : mon frère,
Qu'un marais croupissant au mont Vésuve ; moi,

C'est mon cœur tout entier que dans mon chant je jette
Et je suis, sous l'extase et l'inspiration,
La voile du pêcheur quand mugit la tempête,
La feuille du bouleau quand siffle l'aquilon.

Lion chez des renards, d'un monde aux plaisirs ternes
Je déteste le fard, le clinquant, le vain bruit :
C'est au sein des torrents, des bois et des cavernes
Que, seul avec son Dieu, mon cœur s'épanouit.

Vous dont j'ai parcouru dès mes jeunes années
Les gouffres et les pics comme un domaine à moi,
Vos sauvages beautés, ô fières Pyrénées!
M'ont-elles un instant vu rester de sang-froid?

Non, non, non; je n'ai pas l'âme frivole et vaine;
Fortuné quand je peux fuir loin de tous les yeux :
Oh! combien je préfère à la rumeur humaine
Votre calme rêveur, profond, majestueux !

Ma société, c'est, chaîne âpre, auguste et chère,
L'isard au pied furtif, l'aigle au vol triomphant;
Chaque fois que mon cœur t'appellera : ma mère!
Tu peux bien sans rougir répondre : mon enfant!

Plus souvent que la mienne une ardente poitrine
De tes gorges a-t-elle aspiré l'air vivant
Et mêlé ses soupirs à la plainte chagrine
Du gave fugitif? Œil a-t-il plus souvent

O chaîne! regardé s'éteindre sur ta crête
Sous l'ébène des nuits le sourire du jour?...
Nul bandoulier, nul franc montagnard, nul poète
Ne t'enveloppera jamais de tant d'amour.

Du mien pour toi jamais sur la rive étrangère
Les neiges de l'oubli n'amortiront le feu,
Et quand viendra mon soir, pour unique prière
Mon cœur dira, fervent : Oh! rendez-moi, mon Dieu!

Des vals pyrénéens rendez-moi les zéphyres,
Les bosquets, les chansons, les parfums, les vergers,
De mon ciel du Midi rendez-moi les sourires,
De mon soleil natal les rayons orangés.

Qu'un autre en lettres d'or sur un marbre débile
Au temple consacré fasse graver son nom :
Je veux le ciel pour dôme à mon dernier asile,
Les rocs où je naquis seront mon Panthéon.

Sommets vertigineux où l'aigle pend ses aires,
Anfractuosités sombres, replis jaloux,
Impétueux torrents, béantes fondrières,
Pour toujours ton génie intime, austère et doux

Sera cette âme qui si souvent, ô Pyrène !
Sur toi, libre et sauvage, avec amour plana,
Et de mes ossements la poudre thyphéenne
Fera de tous tes pics de flamboyants Etna.

O Rousseau ! chaste amant de la pleine nature
Qui toujours te riait, noble persécuté !
Tes mânes ne pourront m'accuser d'imposture ;
Pèlerin de vertu, bouche de vérité,

Maître ! tu le sais bien que mes cris sont sincères :
Des hommes, jeune encor, je me suis séquestré,
Leur ôtant mon amour pour le donner aux pierres ;
Quel spectacle chez eux frappe mon œil navré ?

Squalide entassement de gluantes limaces,
D'obliques intrigants pestilentiel marais,
Hideux fourmillement d'agioteurs rapaces,
Gégarcins attachés à leurs vils intérêts

Comme des gitanas à l'os d'une charogne,
Comme l'eschare infecte au derme du l'épreux,
Comme un sarcopte au doigt que dévore la rogne,
Ou comme un pou blanchâtre au crâne d'un teigneux.

Martyrs ceux à qui Dieu dispense avec la vie
L'enthousiasme joint au désenchantement :
Ce spectre intérieur, démon de tout génie,
Effroyable bifrons, Averne et firmament.

Du barde tour à tour l'hippogriffe se cabre
D'épouvante, ou se joue au vaste champ des airs ;
Ballet d'astres, et puis une danse macabre ;
La stupeur de l'abîme est empreinte en ses vers :

Aride froissement de pâles feuilles mortes
Qui sans savoir pourquoi volent sans savoir où,
Lorsque le morne hiver aboie au seuil des portes
Et que le froid des monts fait descendre le loup.

Tout son ne traduit pas le bonheur : du poète
Les funèbres concerts sont semblables aux bruits
Secs et mats que feraient d'un pendu, blanc squelette,
Le tibias cognés par le souffle des nuits.

Du fleuve des douleurs les strophes sont les havres,
Dans ton gouffre, Élégie, il est doux de jeter,
Quand on se sent le cœur infesté de cadavres,
Tout ce qui le remplit ; oh ! voyez-vous, chanter

Est un besoin pour qui sous maint fardeau succombe,
Chaque pulsation en moi bégaie un vers,
Après ma mort ma voix plaintive sur ma tombe
Chantera dans le vent ; magnifique univers,

Toujours mon âme, éponge aride et racornie,
D'extase s'imbibant quand je t'ai contemplé,
Par ses pores béants la fraîche poésie
Sous la main de la Muse à flots a ruisselé.

Ah ! si rien n'éteignait la fièvre créatrice
Et du Phison berceur n'interrompait le cours,
Si des rêves dorés l'éclatante milice
Ne s'éclipsait jamais, resplendissait toujours !

Mais votre Polymnie, ingrate courtisane,
Vous échappe et vous laisse en un vide profond ;
Après le spasme à deux sur la molle ottomane,
Vous vous retrouvez seul, épuisé, moribond.

Tous tes adorateurs, ô Muse! tu les tues.
Des mines d'amadou; ne vaudrait-il pas mieux
Vivre en bourgeois modeste et planter des laitues?
Bêtise et bonheur sont, ma foi, d'excellents dieux.

Bien boire, bien manger et devenir obèse,
Jouir comme un concombre, être avare de mots.
Sans jamais se fouler la rate et tout à l'aise
Jardiner quelque peu, le jour, dans son enclos;

Puis, quand de l'Angelus fervent tintent les cloches,
Pour aller faire un tour déposer l'arrosoir
Et sans penser à rien, les deux mains dans ses poches,
Humer le clair de lune et les vapeurs du soir;

Et quand enfin Morphée alourdit la paupière,
Du lit accoutumé reprendre le chemin,
Dormir la grasse nuit du sommeil de la pierre
Et pour le train d'hier se réveiller demain;

N'est-ce pas là, Seigneur, la suprême sagesse?
C'est vous qui vers l'an un, doux Jésus, l'avez dit;
Le fardeau du savoir est lourd, je le confesse:
Je veux pour vivre en sot renoncer à l'esprit.

Que j'aie à cet effet bien peu de chose à faire,
D'un grand nombre de gens c'est peut-être l'avis,
Tant mieux s'ils disent vrai : la paresse m'est chère,
Mon dessein est l'écrou dont mon être est la vis.

Tant mieux s'ils disent vrai, car ce que (chance extrême !)
Je voulais devenir, si je le suis déjà,
Pour me plaire je n'ai qu'à demeurer le même
Et sans changer d'habit je me trouve goujat.

C'est folie, après tout, de se donner la fièvre
Et d'enrouer sa gorge à tourmenter l'écho,
De s'esquinter, ô gloire ! à poursuivre ton lièvre,
Et souvent pas pour plus que pour faire fiasco.

Dans le vulgaire ami comme l'on se pavane
Et comme à peu de frais on est content de soi !
Aveugle, on peut traiter de frère plus d'un crâne,
Et si l'on n'est que borgne on est appelé roi.

Harpes, lyres et luths, qu'un autre aime l'ampoule
Que l'on gagne à pincer vos fibres de boyau :
Je borne mon orgueil, potiron de la foule,
A devenir expert au jeu de domino

Qu'êtes-vous, orateurs, philosophes, poètes?
Des faiseurs d'embarras et des cogne-fétu;
Le monde va sans vous et toutes vos tempêtes
N'ont d'en changer le cours certes pas la vertu.

Suez, trémoussez-vous, luttez contre la lame,
Pour moi, plus positif, je laisse mon bateau,
Insouciant nocher sans gouvernail ni rame,
Suivre gaîment le fil capricieux de l'eau.

Je renonce à frapper et d'estoc et de taille,
A mettre mon cerveau constamment à l'affût :
Le rat perdit jadis sa queue à la bataille,
Et qui ne vise rien ne manque pas le but.

— « O poète déchu, répond la fière Muse,
« Les instincts bas et vils sont-ils partout vainqueurs?
« Est-ce à toi d'aspirer au repos de la buse,
« Et n'aimes-tu pas mieux l'angoisse des grands cœurs?

« Que l'égoïste, étroit, louche, ventru, stupide,
« Guidé par l'intérêt tienne le plat chemin,
« Mais toi, sans t'effrayer, prenant Dieu pour égide,
« Vers tout escarpement va, la foudre à la main! » —

Qui? moi, le plus malade, appliquer le remède?
Servir de phare, moi, quand je suis plein de nuit?
Peux-tu donc me forger le levier d'Archimède,
Et, le levier forgé, trouver un point d'appui

Pour soulever d'un cran ma paresse obstinée?
Quel sermon percerait l'immense brouhaha?
Il est sot de lutter contre la destinée,
Car les choses toujours iront cahin-caha.

Puis donc que l'univers est une boucherie
De moutons égorgés et de loups égorgeurs,
Qu'impassible devant cette sanglante orgie,
Jéhovah n'arme pas ses archanges vengeurs;

De prêtres et de rois puisqu'une ignoble plaie
Ronge encore le monde, oh! laissez-moi mêler
Aux strettes du bulbul l'antienne de l'orfraie;
Oh! laissez-moi, mon deuil ne se peut consoler.

Mais que m'en prends-je à Dieu dans ma folie extrême?
Mon âme forcenée elle-même se hait,
Mon plus âpre ennemi n'est autre que moi-même :
Je suis le petit-fils du ténébreux Hamlet.

Mes pas ont parcouru bien des berges déclives,
A leurs rameaux penchants j'ai suspendu mon sort,
Mais du gouffre du spleen les horreurs attractives,
O ma Muse ! ont vaincu cet inutile effort.

En vous, riants coteaux et vallons solitaires,
Je ne retrouve plus le charme de jadis ;
Veuf d'une amante, en proie à toutes les misères,
Mon enfer me poursuit dans votre paradis.

Aujourd'hui, d'un bras roide et d'une main fébrile
En vain partout j'implore un crampon de salut :
J'étreins l'insaisissable, et la vague mobile
Me jette à sa voisine ainsi qu'un vil rebut.

Eh, que cherchais-je à fuir dans ton sein, ô nature !
Un mal que rien ne peut guérir ni soulager ?
Des noirs réseaux du spleen dont je suis la pâture,
Hercule eût vainement voulu se dégager.

Du moins, tant que l'Amour à ma soif daigna tendre
Sa coupe où je pouvais à longs traits m'enivrer,
Que ne sus-je être heureux ? devais-je, hélas ! attendre
Pour goûter mes beaux jours qu'il faille les pleurer ?

En songeant à ta perte, ô ma jeune maîtresse !
Je porte envie au juif, au paria;... je sens
Que la femme ici-bas est une enchanteresse
Sans qui tout l'univers n'est qu'un morne non-sens.

La feuille doit, emblème exact du cœur de l'homme,
La vie à son rameau, la mort à l'aquilon ;
L'attrait du changement n'est que le vain fantôme
D'une aride et trompeuse imagination.

Fou qui croit que l'amour fragilement attache
Et que l'on peut gaîment voler de fleur en fleur ;
Aujourd'hui qu'un destin aveugle nous arrache
L'un à l'autre, je sens quelle était mon erreur.

Je sens que nous n'étions qu'une même existence,
Que le trépas suivra la séparation,
Que la mort seule peut endormir la souffrance
D'un sanglant, convulsif et douloureux tronçon.

On ne me verra pas, dans mon deuil solitaire,
Par de nouveaux serments souiller ma sainte foi ;
Il n'est plus désormais de femmes sur la terre :
C'est tout le sexe, enfant, que j'adorais en toi.

Te voilà sur la mer louche des aventures,
Où ta nef heurtera de l'écueil à l'écueil ;
Nous nous retrouverons un jour : toutes mâtures,
Quel que soit le sillage, arrivent au cercueil.

Tel est, le croiras-tu ? le seul penser qui reste
En consolation à mon esprit navré ;
Oh ! béni le moment, la minute céleste
Où la mort glacera ce cœur désespéré !

Un autre s'étendra sur ta gorge d'ivoire,
Mais sur un simulacre il tombera pâmé :
Nulle part tu ne vis comme dans ma mémoire,
Aux sacriléges mains tabernacle fermé.

Ah ! ce trésor lui-même est la plus âpre épine
Dont je sois déchiré ; Dante l'avait bien dit ;
Ce brillant souvenir au front de ma ruine,
Indélébile sceau, frappe et grave : « maudit ! »

Ma mer est sans repos, mon ciel est sans étoile,
Il ne me reste plus, hélas ! de force assez
Pour manier la rame ou manœuvrer la voile
Et maîtriser les vents et les flots courroucés.

Je veux fuir, je veux fuir, d'un vol droit et rapide,
Dans l'éternelle nuit la lumière du jour,
Mêler ma cendre inerte à ton argile humide,
Sépulcre, arche de paix, voluptueux séjour.

D'ailleurs, existe-t-il pour moi d'autres patries?
Est-il une autre plage où je puisse atterrir?
N'es-tu pas possesseur de deux têtes chéries?
Le lit libérateur où tout doit s'endormir?

Vous qui n'avez encore moissonné que la joie,
Et dont l'absinthe est moins amère que mon miel,
Apprenez quels cyprès bordent ma sombre voie,
Daignez m'entendre, ô vous! qui voguez en plein ciel.

CHANT II

J'avais un frère aîné, doux et pensif jeune homme,
Dont l'œil, d'un bleu profond, reflétait l'idéal ;
Ame mélancolique aux nobles teintes, comme
Celles d'un soir d'automne, et cœur tendre et loyal.

Nous étions l'un pour l'autre ainsi que deux amphores
Qu'un besoin mutuel porte à s'entr'épancher,
Nous mettions en commun nos nuits et nos aurores,
Je l'aimais : à Pylade Oreste était moins cher.

Artistes tous les deux, moi comme la tempête,
Lui comme le zéphyr plaintif dans les roseaux ;
Moi le sapin altier qui dresse au ciel sa tête,
Et lui l'humble calice hôte des clairs ruisseaux.

Séraphin exilé de la cité divine,
Il semblait méditer un vague souvenir;
Comme un lys dont un ver travaille la racine
Ce chaste frère aimé se pencha pour mourir.

Des monts vingt-cinq hivers avaient blanchi le faîte,
Il avait vingt-cinq fois vu fleurir les lilas
Quand enfin, succombant à sa langueur secrète,
Il comprit qu'il était touché par le trépas.

Rapide fut le mal. On était en décembre;
Il allait à midi parfois s'assoleiller
Sur un banc du jardin; puis dut garder la chambre,
Puis le lit, et bientôt il fallut le veiller.

O jours! ô nuits d'angoisse! oh! quel affreux martyre!
Au moribond chéri qui s'éteint par degré
Se montrer confiant, et parler, et sourire,
Le visage serein, le cœur désespéré!

J'aurais bien vite été brisé par cette étude
Si, gonflé de sanglots et débordant de pleurs,
Dès que je retrouvais un peu de solitude
Je n'eusse ouvert l'écluse à toutes mes douleurs.

Un soir au piano mes sœurs pour le distraire
Jouaient à quatre mains *L'Italienne à Alger;*
Assis à son chevet avec ma pauvre mère,
Je vis son œil reprendre un éclat passager.

O charme évocateur! Cette douce musique
Lui rappela le temps où du grand maëstro
Lui-même interprétait d'une voix sympathique
Ou l'andante funèbre ou le vif allegro.

Si jeune et plein d'amour retourner à la boue!
Renoncer aux parfums! renoncer aux concerts!
Une larme de feu lui sillonna la joue,
Plus éloquente, hélas! que ces indignes vers.

Ainsi Weber, sans doute, atteint par l'agonie,
En répandit avant de remonter à Dieu,
Lorsque, se recueillant au fond de son génie,
Il fit à cette terre un immortel adieu.

Sur l'aubépine en fleur voltigeait l'éphémère,
Tellus aux chauds baisers d'avril, lascif vaurien,
Se ranimait; ô Pan! quelle ironie amère
Dans ta sérénité!... l'homme ne t'est donc rien?

Vois donc ce patient sur un lit de torture :
Pendant que souffle à souffle il se sent dépérir,
L'aube à sa vitre met sa joyeuse dorure ;
Il parle,... ô Pan ! écoute : il répugne à mourir.

« Maman, poussez mon lit plus près de la fenêtre,
« Je veux voir la nature ; oh ! l'on se sent renaître
« A cet air balsamique ; oh ! je voudrais guérir.
« N'est-ce pas qu'à mon âge il ne faut point mourir ?
« Quand Dieu rendra la force à mes membres malades
« Nous ferons dans les bois de longues promenades.
« Oh ! oui, je guérirai... ; guérirai-je, maman ? »
— Elle en qui de l'amour le saint aveuglement
Nourrissait, malgré tout, l'illusion féconde,
Lui dit en embrassant sa chevelure blonde :
« Sans doute que tu veux t'amuser, ô mon fils ! »
— Lui songeait, l'œil posé sur un blanc crucifix,
Quand tout à coup : « Oh ! non : cette vie est trop douce,
« Le ciel sera touché de vos soins assidus ;
« Mais je suis si changé, que les sentiers de mousse
« Où je m'égarerai ne me connaîtront plus. »
— Puis, sentant de nouveau l'aiguillon des souffrances :
« Hélas ! je caressais de folles espérances,

« Je ne le sens que trop, la mort est dans mon sein.
« Oh! d'insectes dorés quel radieux essaim!
« Oh! que le ciel est pur! oh! que la terre est belle!
« Combien de bourgeons verts sur la tige nouvelle!
« Dans les poiriers fleuris plus d'un petit oiseau
« Chante..., mais moi, je suis aux portes du tombeau! »

Ce fut son dernier jour. Sitôt que dans la nue
La nuit eut déployé ses sombres gonfalons,
Son ange l'avertit que l'heure était venue
De quitter à jamais les terrestres vallons.

Il feignit d'aller mieux quand onze coups sonnèrent,
Et voulut rester seul, sans doute pour prier ;
Cédant à son désir, nos parents se couchèrent,
Et mes deux sœurs et moi veillâmes au foyer.

O mère! ô saint vieillard! quelle courte allégeance!
Quel chimérique espoir berçait votre sommeil!
Vous rêviez d'avenir et de convalescence,
Hélas! hélas! si près de l'horrible réveil.

Devant le feu chauffait le breuvage inutile
Qu'avec un biberon il tâchait d'avaler ;
Sa respiration fréquente et difficile
A peine lui permit faiblement d'appeler..... ;

Nous volons... — « J'ai besoin d'une autre couverture,
« Dit-il, je sens le froid qui me gagne les os,
« Essuyez ma sueur, changez-moi de posture...;
« Je me meurs! je me meurs! » — A ces lugubres mots
Prononcés d'une voix vibrante et solennelle,
Sa mère s'éveilla : « Qu'entends-je, cria-t-elle?
« Est-ce un vain cauchemar qui vient de me troubler,
« Ou bien toute espérance est-elle enfin perdue? »
— Et, se précipitant, haletante, éperdue :
« Mon fils, mon tendre fils! voudrais-tu me quitter?
« Mon fils!... rassure-moi, faut-il que je renonce?...
« Mon fils!!!... » Au lourd soupir qu'elle obtint pour répons
Un sanglot déchirant s'exhala de son sein :
« Mon enfant! mon enfant! Élie! Élie! Élie!..... »
— Son œil avait percé le voile du destin.
Dans les bras de mes sœurs elle tomba sans vie.

Moi, pendant cette scène, avec ménagement
J'arrachais au repos le déplorable père;
Dès qu'il ouït ma voix, sentit ma main légère :
« O Raoul! qu'est-ce? parle : à quel événement
« Viens-tu me préparer? » — De grâce, du courage!
« Le phénix immortel va déserter sa cage

« Pour prendre un libre essor dans les cieux infinis;
« Père, les mauvais jours de ton fils sont finis,
« Dieu daigne mettre un terme à son trop long martyre. »
— Le vieillard atterré se leva sans rien dire
Et, s'appuyant sur moi, parvint au moribond.
Nu-tête, alors, dehors je m'élançai d'un bond
Et chez le médecin courus en diligence.....;
J'étais le désespoir en quête d'espérance.

Plus de pleurs, plus de cris de désolation;
Le malade est sorti de sa prostration...,
On se tait, on regarde, on écoute..., ô miracle!
Se pourrait-il, grand Dieu, qu'à genoux t'invoquant.....
— Ah! vous vous méprenez au sens de cet oracle :
Après la longue veille ainsi, d'huile manquant,
La lampe qui brûlait sans force et sans lumière
Jette avant d'expirer un vacillant éclat;
Dans toute son horreur voyez notre misère,
Que peut contre la mort un tendre vestalat?
— On écoute..., ô suprême et solennelle phase!
Au sombre effarement a succédé l'extase,
Et, l'œil comme fixé sur les splendeurs du ciel,
Le mourant en ces mots s'adresse à l'Éternel :

« Mon Dieu, gouffre d'amour, principe et fin de l'être,
« A votre tribunal je vais bientôt paraître ;
« Si j'ai, sans le vouloir, transgressé votre loi,
« Si jamais j'ai péché, mon Dieu, pardonnez-moi.
« Nul ne peut dépouiller, ô bonté souveraine !
« Les défauts inhérents à la nature humaine,
« Mais quand le vice impur attaqua ma vertu,
« Pour éviter le mal j'ai toujours combattu.
« Comme une onde au soleil se chauffe et s'évapore,
« Mon âme, se mêlant aux hymnes de l'aurore,
« A toujours pris vers vous l'essor à son réveil ;
« Pour la dernière fois j'ai revu le soleil ;
« Avant que le trépas n'étreigne ma paupière,
« De ma voix qui s'éteint entendez la prière :
« Ici-bas, ô mon Dieu ! règne l'iniquité,
« Votre nom sert de toge à la perversité ;
« Mon Dieu, de jour en jour le monde dégénère,
« Abaissez, abaissez vos regards sur la terre :
« La force avec la ruse en ont chassé le droit,
« Le juste est sans espoir, le méchant sans effroi ;
« Brisez le double joug de notre ignominie,
« Qu'au ténébreux chaos succède l'harmonie,
« Qu'enfin émancipés les peuples aient leur tour
« Et ne fassent qu'un lac de lumière et d'amour.

« Et maintenant, pitié! pour un octogénaire,
« Un savant patriarche, oh! pitié! pour mon père
« Qui, du brûlant progrès dévorant le chemin,
« Eut pour constante foi, noble et hardi prophète,
« L'édénisation de toute la planète;
« Le penseur en ses flancs portait le Genre-humain,
« Et le père a toujours, exempt de préférences,
« Tenu de sa tendresse égales les balances;
« Mon Dieu, ne jetez pas ses pauvres derniers soirs
« En barbare curée aux fauves désespoirs;
« Lorsque mon souvenir lacérera son âme,
« Des consolations versez-lui le dictame;
« Ne me transformez pas en cadavre-assassin,
« Que ma perte, de mort n'infecte pas son sein.
« Pitié! pitié! surtout pour ma mère chérie.
« Chaste femme du peuple, ô toi! douce Marie,
« Dont on cloua le fils, sublime novateur,
« Sur un gibet en croix, comme un vil malfaiteur,
« C'est, pour intercéder, à toi que je m'adresse :
« Au nom de ta douleur! soulage sa détresse,
« Montre à son cœur saignant le radieux séjour
« Où je rejoins Celui que pleura ton amour. »

— Ici le moribond voulait parler encore,
Mais on vit lentement ses paupières se clore,
Et sa langue ne put articuler un son.
Oh! quel navrant concert de désolation!
Que de tendres baisers sur ce pâle visage!
De sa voix cependant Dieu lui rendant l'usage :
— « Maman, papa, mes sœurs, mon frère,.. approchez tous :
« Adieu!... du haut du ciel je veillerai sur vous. »
— Puis, d'un œil inquiet remarquant mon absence :
« Raoul ne veut donc pas assister à ma fin? »
— Ses sœurs : « Il va rentrer, un peu de patience,
« En hâte il est allé chercher le médecin. »

Les astres de la nuit scintillaient sur ma tête,
Bulbul roulait son chant voluptueux et frais ;
Tout de mon désespoir semblait se faire fête,
Hagard, stupéfié, dans l'ombre je courais.

J'eus bientôt dépassé le noir réseau des rues ;
J'arrive, je franchis le seuil et monte : Hélas!
La mère et le vieillard n'étaient que deux statues,
Et mes sœurs à genoux conjuraient le trépas.

J'étouffai mes sanglots, mon mouchoir sur ma bouche,
Et m'avançai d'un pas sourd, mais il m'entendit,
Et quand je me penchai sur la funèbre couche,
Son bel œil presque éteint à demi s'entr'ouvrit.

Il me tendit la main, et d'une voix tremblante :
« Embrasse-moi, Raoul,... adieu! je vais au ciel. »
— Adieu!!!... ce mot sacré de ta lèvre mourante
Tintera dans mon cœur comme un glas éternel.

A son terme touchait la lugubre épopée ;
Une parole vague, éteinte, entrecoupée
Manifeste un discours dont échappe le sens ;
Ces mots seuls, plus marqués, s'entendent : « Oh! je sens
« De divines langueurs, une extase ineffable ;
« De la mort le premier aspect est formidable,
« Le passage est étroit, glacial, ténébreux,
« Mais après!... Oh! comment rassasier mes yeux ?
« Le ciel s'ouvre, je vois des fleurs, des hirondelles ;
« Déployant librement leurs lumineuses ailes,
« Les esprits bienheureux fendent l'azur sans fond ;... »
— Ici tomba sa voix, se ferma sa paupière,
La Mort pressa son sein de son genou de pierre ;
Un râle saccadé, puis un soupir profond !

C'en est fait, le sculpteur peut graver l'épitaphe,
Le jardinier planter l'if et le cyprès noir;
Notre frère n'est plus qu'un morne cénotaphe,
Il vivra désormais dans notre désespoir.

Dès que l'âme eut quitté sa chétive retraite,
Dessensibilisé par l'excès du chagrin,
C'est moi qui revêtis — ô navrante toilette! —
Le corps émacié d'un blanc linceul de lin.

Dans la paix du néant le saint martyr repose,
On dirait le sommeil de quelque Ithuriel;
Ce ne sont plus ces lys que nuançait la rose,
Mais un albâtre mat, un calme solennel.

Sous le doigt des douleurs muette est cette lyre,
De ce sein immobile aucun souffle ne sort,
Mais nul gémissement, hélas! ne vous déchire
Autant que ton silence, irrévocable mort.

Sa paupière est fermée et sa bouche entr'ouverte,
Et ses deux mains en croix reposent sur son cœur;
Moi, sans bien mesurer le vide de la perte
De ce frère ravi par le trépas vainqueur,

Du jour qui se leva je maudis la lumière,
Et la nuit qui suivit ce jour, pour moi si noir,
Pendant que mes deux sœurs veillaient sur père et mère
Je gardai son chevet..... maintenant sans espoir,

Sans espoir!... et pourtant, j'aurais, inconsolable,
Voulu de ce front mort charmer toujours mes yeux
Et conserver, du moins, le sacré tabernacle
Dont s'était envolé l'hôte mystérieux.

Mais les heures fuyaient; ô souvenir qui navre!
Sur le monde assoupi quand l'aube rouvrit l'œil,
(Dieu! quel étroit palais suffit pour un cadavre!)
Je vis le menuisier apporter le cercueil.

La mère et le vieillard n'étaient que deux statues,
Mais, rappelant à nous nos forces abattues,
Nous ne souffrîmes pas, des derniers soins jaloux,
Que le corps fût touché par d'autres que par nous.
Nous prenons des cheveux à sa tête si chère,
De roses et de lys nous parsemons sa bière...
L'y voilà tout du long, rigide et sans couleur,
Et ses deux mains en croix reposant sur son cœur.
Dans quelque sphère d'or nous t'irons joindre, ô frère!
Frère! un dernier baiser..... ah! le glas funéraire

Emplit l'air,... oui, j'entends les plaintes de l'airain;
On scelle le couvercle au coffre de sapin,
D'amis vêtus de deuil notre maison est pleine,
Les chantres de la mort entonnent leur antienne;
On veut me retenir,... « Laissez-moi, laissez-moi :
« C'est à moi de mener le funèbre convoi,
« Je veux au champ de paix accompagner mon frère; »
— On soutint donc mes pas jusques au cimetière,
Et je vis, à travers mes pleurs, dans le caveau
Les sombres fossoyeurs descendre leur fardeau.

Déjà depuis trois mois, seul, là-bas, notre frère
Dort son éternité dans les plis du suaire,
Et nous depuis trois mois, tout à notre douleur,
Nous évitons du jour l'éclat et la rumeur.
Entre l'aurore et nous flotte une ombre livide,
Une âpre volupté nous attache au lit vide,
Nous aimons à sentir le chagrin nous miner;
Aux autres vainement chacun cherche à donner
Des consolations que son cœur désavoue,
Car aux regrets sans fin le même sort le voue.
Hélas! c'est un penser fixe, et quand par hasard
Nos yeux, veufs d'une étoile, échangent un regard,

A l'appel souverain de ce muet langage
Nos larmes affluant nous baignent le visage.
Sous la charge des ans comment déjà courbé,
A ce cancer moral n'eût-il pas succombé?
Du vieillard promptement les forces déclinèrent;
De nouveaux horizons d'horreur se dévoilèrent :
Dans mes tristes sommeils, prêt à le recevoir,
En rêve devant moi s'ouvrait le tombeau noir;
Ah! d'un fatal destin présage trop fidèle!
En vain, pour l'arracher à sa douleur mortelle,
Dans les plus gais sentiers je conduisais ses pas :
Il se tournait toujours pour regarder là-bas!
Cette diversion de notre promenade
Manqua même bientôt : très-gravement malade
Le vieillard s'alita. Nous, quoique dévorés
Par nos pressentiments, nous tous désespérés
De voir que son état empirait d'heure en heure :
Père, lui disions-nous, aucun de nous ne pleure,
Le docteur a promis que tu pourrais dans peu
Aller jouir encor des champs et du ciel bleu.
Mais lui : « Mes chers enfants, le médecin vous trompe,
« Pour moi le firmament n'étale plus sa pompe;
« Ne vous désolez pas, c'est un ordre voulu,
« De mon terrestre temps le cycle est révolu;

« La coupe de mes jours ne contient plus que lie,
« Vienne vite la mort me joindre à mon Élie ! »
—Puis, à Dieu s'adressant : « Oh ! grâce ! reprends-moi,
« De soleil en soleil mon âme jusqu'à toi
« Brûle de s'envoler ;... grâce ! je veux le suivre,
« Un vieux père à son fils doit-il ainsi survivre ?
« Mon fils me tend les bras du fond de son tombeau,
« D'un vain reste de vie arrache le lambeau ! »
Dieu l'entendit (ici qui donc pourra me lire
Sans un pâle frisson ?) : Dans la nuit le délire
Se déclara : — « Voyons, criait-il agité,
« Qu'on se hâte !... là-bas,... n'ont-ils pas apporté
« Les cordes et les pieux pour descendre la bière ? »
— Ce n'est que mots heurtés durant la nuit entière.
Sur le matin pourtant le calme enfin renaît ;
Il déclôt l'œil au jour, me voit, me reconnaît :
« Pauvre ami, ta jeunesse en veilles se consume,
« Mais de la mort déjà m'enveloppe la brume ;
« Écoute, mon enfant, car mes instants sont courts :
« Arme-toi de raison et prends soin de tes jours.
« Le poids des ans m'accable et ma tâche est remplie,
« Sans crime et sans remords je puis quitter la vie ;
« Mais je vais te laisser deux vides à combler,
« Tes sœurs à protéger, ta mère à consoler ;

« Que toujours ma vertu dans ta conduite brille ;
« Aime l'Humanité, cette grande famille !
« — Adieu !... ne me fais pas trop malade : on voudrait
« Faire venir le prêtre,... il me fatiguerait. »
Le prêtre ? Eh ! quel besoin, noble et saint patriarche,
Alors que le Très-Haut t'ouvrait déjà son arche,
Que ton âme éployait ses deux ailes de feu,
Et quel prêtre aussi pur qu'un mourant, devant Dieu ?
Oh ! sa figure est calme et son haleine est douce,
Ce n'est point un pécheur que le Juge repousse,
Il rend entre ses mains le souffle sans effort ;...
Socrate ne fit pas une plus belle mort.

Minuit. Morne je veille. Une lampe projette
Un vague et saint rayon jusqu'à l'auguste tête.
On eût dit qu'il pensait, recueilli seulement
Comme pour mieux ouïr, dans son ravissement,
Des sphères la secrète et puissante harmonie ;
Son large front semblait le trône du génie.
Mais l'ombre se dissipe ; on porte le cercueil ;
Le cortége endeuillé s'ordonne sur le seuil ;
Déjà l'hymne sacré se mêle au glas sonore ;...
... Une seconde fois (et je respire encore !)

Mes yeux noyés de pleurs virent dans le caveau
Les quatre fossoyeurs descendre leur fardeau.

———

Mon vers grave et plaintif bien longuement se traîne,
Mais mon deuil se complaît à ces sombres récits.
Et maintenant, lecteur, que tu connais à peine
Quelle fut la douleur et du frère et du fils,

Tâche d'imaginer, âme compatissante,
Pour la mère et l'épouse à quel point fut bourreau
Le destin;... quand j'aurais la voix même de Dante,
Je ne tenterais pas de t'en faire un tableau.

Le chant du rossignol ne m'est plus un dictame,
Il me rouvre la mort, gouffre où plongea mon œil;
Ses suaves accords rappellent à mon âme
Le bruit lourd du maillet qui cloua le cercueil.

Depuis, quand au donjon tinte l'heure nocturne,
Qu'un autre songe au bal, moi je songe à l'enclos
Où gît des trépassés la foule taciturne
Dont les vers fourmillants n'épargnent que les os.

Sache, toi qui ne peux comprendre que je vive
Déchiré de deux traits dont un seul suffisait,
Quel doux et fort geôlier a retenu captive
Dans sa prison de chair l'âme qui s'échappait.

Un miracle du ciel m'a conservé ma mère,
Sans quoi mon pauvre cœur, immobile et glacé,
Ne sangloterait pas cette élégie amère,
Et du marbre tombal serait aussi pressé.

CHANT III

Oh! l'amour d'une mère,... il n'est point de blessure
A ce baume divin qui ne se refermât;
Mais au fond d'une baie intime, calme et sûre,
Une nef fracassée est-elle moins sans mât?

Mais, parce que le fils qui s'agenouille à terre
Rend grâces, possédant l'ineffable trésor;
L'apôtre, le penseur, le barde humanitaire
A-t-il également lieu de bénir le sort?

Mais parce qu'au nom seul de ma mère chérie
Mon cœur tressaille en moi de sainte volupté,
Doit-il rester inerte au grand mot de patrie,
Inerte au mot plus grand encor d'Humanité?

Mais celui qui s'attache aux mille heurts des houles,
A l'immense roulis humain, du sud au nord,
Mais le vatès pensif qui, penché sur les foules,
Interroge leurs cris d'espérance ou de mort ;

Qui joyeux volerait, au prix de l'existence,
T'allumer en tout cœur, sainte rébellion ;
Peut-il borner sa vue au coin de transparence
Du golfe où se repose à l'ancre son galion ?

Tandis que du pouvoir chacun baisant la fesse,
En retour de l'honneur ne demande au tyran,
Sale porc à l'engrais ou chien qui marche en laisse,
Qu'un os et le chenil, ou l'auge et le haran ;

Pour lui, vivre... du faon sous la terrible griffe
Du jaguar, moins affreuse est la condition ;
Chaque jour lui paraît la roche de Sisyphe,
Ses pensers sont autant de meules d'Ixion.

Car aux beaux dévoûments les portes sont fermées,
Car nos Caligulas plâtrés et vernissés
Contre les désespoirs des masses opprimées
Ont leurs prétoriens de sabres hérissés.

Et quand on a subi mécompte sur mécompte,
Après cent rêves d'or cruellement déçus,
Le découragement vous enlace et vous dompte,
Votre foi s'engourdit, le doute a le dessus.

Alors, si pour sauver sa malade croyance
On appelle une vierge au cœur tendre et naïf,
Et qu'Eros connivant, une âpre dissonnance
Oppose son écueil à ce dernier esquif;

Alors, malheur! malheur! il n'est point d'état pire,
O sombre Alighieri! dans ton horrible enfer;
Trop grand ou trop petit; c'est l'Hamlet de Shakespeare,
C'est Byron sanglotant son long sarcasme amer.

Un amour noble et pur, du vice, fleuve immonde,
Ne peut-il contenir le désordre insensé?
Un funeste hasard gouverne-t-il le monde?
L'avenir sera-t-il plus vil que le passé?

Siècles resplendissants de la chevalerie,
Siècles des troubadours, des belles et des preux,
Siècle de jeune verve où surgit la féerie,
Siècles de foi naïve et de combats fameux;

Grands siècles d'aventure et d'héroïque épreuve,
Vous m'eussiez toujours vu sur d'ardents palefrois
Défendre ou secourir l'orphelin et la veuve,
Et m'élancer, bardé de fer, dans les tournois.

Mais à mon cœur surtout plaisent les temps antiques
Où s'épanouissait tout l'homme en liberté,
Où Démosthène au bord des plages helléniques
Prenait pour magister l'Océan indompté.

Tel gueux flatte aujourd'hui les faubourgs et les halles,
Qui voudrait sous ses pieds les tenir conculqués;
Nulle entente : que sont nos crises sociales?
Une collision d'égoïsmes masqués.

Puis dans les rouges flots de la civile orgie
Froid et l'œil aux aguets glisse un rusé Tarquin
Qui sur les tétrodons de la démagogie
Ouvre voracement sa gueule de requin;

Et le peuple dupé, souffreteux automate
Dont la sainte sueur engraisse des bandits,
Des meneurs turbulents au farouche autocrate
Passe, éternel butin de l'ogre des partis.

Le monde est un Bondy de débauche et de crime
Où clapote le sang dans la haineuse nuit.
Oh! d'un suprême effort si l'esprit qui m'anime,
Obscure chrysalide inerte en son ennui,

Pour prendre un vaste essor, l'aile large étendue,
Parvenait à briser son morbide cocon!...
Toi, soleil rutilant, vous, gouffres de la nue,...
Oui, spleen, de ton maillot la larve est un aiglon.

Il fut, il fut un temps où de ma fantaisie
Le kaléïdoscope évoquait à mon gré
Tout un écrin tremblant de fraîche poésie
Dont l'œil même de Mab resterait enivré.

Alors j'étais enfant et j'ignorais le monde,
De mes illusions l'arbre était dans sa fleur,
Nul cormoran plongeur n'avait troublé mon onde,
Et nul simoun n'avait soufflé sur ma candeur.

Mon instinct possédait sa vierge plénitude,
Ton amour, ô Nature! était ma seule loi,
Et le prisme de l'art, monstre fils de l'étude,
Ne s'interposait pas entre ta face et moi.

Comme un coin voyageur de royaume de fée
Aux contours protéens, heureux! quand aujourd'hui
Une vague, lointaine et furtive échappée
Illumine un instant ma prosaïque nuit.

Ma native fierté tout à coup se rallume,
Et je me crois encor, comme en des jours plus beaux,
Cithare éolienne et lac calme et sans brume,
Propre à tous les reflets, apte à tous les échos.

Mon esprit éperdu scrute tous les mystères,
Je vais prêtant l'oreille aux bruits des éléments;
C'est le grand Pan qui bout en moi, de mes artères
Le cœur de l'infini règle les battements.

Dans ma pensée, abîme étincelant et sombre,
S'élabore et s'ébauche un monde surhumain;
De formes, de couleurs, et de lumière et d'ombre,
Gigantesque, confus et somptueux hymen.

Idéales splendeurs de mon intelligence,
Oh! je voudrais pouvoir dans un instant divin,
Dussé-je être frappé d'éternelle démence,
Vous produire au dehors, merveilles de mon sein.

Mais d'un tronc foudroyé, gonflé de riche séve,
A peine un vain bouquet de pâles feuilles sort ;
Jamais ne jailliront les branches de mon rêve ;
O vie exubérante en lutte avec la mort !

L'expression, vil marbre, à l'idée est rebelle,
Et l'artiste inquiet se dit avec dégoût :
Mon œuvre, auprès du songe éblouissant, qu'est-elle ?
— Le reflet d'un ciel pur dans l'onde d'un égout.

Je porte une Minerve en armes dans ma tête ;
Mais dans ces vils fragments, miroir louche et mesquin
Qui ternit et réduit, disparaîtra l'athlète,
Et la postérité reléguera le nain.

Pourtant je connais bien les secrets de la lyre,
Et j'eusse mérité de confondre ma voix
A vos chants, ô Byron ! Dante ! Gœthe ! Shakespeare !
Pléiade d'immortels, république de rois.

Pourquoi donc de mes vers ouvrais-je les écluses ?
Quel écho peut répondre à mon gémissement,
Et quel pinceau fixer les images confuses
De l'idéal ? Comment rendre fidèlement

Une âme insatiable et dont le sort néfaste
Est d'allonger en vain ses millions de bras,
Impuissant Briarée? — Une page aussi vaste
Que tout le firmament ne me suffirait pas.

Oh! quand on doit laisser, navire insubmersible,
Un grand nom surnager sur l'abîme des temps,
A tous les coups du sort on peut servir de cible
Et trouver savoureux les plus âcres tourments.

Mais sans cesse aspirer aux cimes de la gloire,
Abhorrer les bas-fonds et ne pouvoir monter,
Et sentir son esprit plus noir que la nuit noire,
Plus creux qu'un vase vide et plus vide que l'air;

Mais posséder une âme active et délirante
Qui heurte à chaque essor quelque fatal barreau,
Et d'un stérile orgueil, lame torse et rentrante
Qui dévore sa gaîne, être le vain fourreau;

Mais sentir avorter dans sa poitrine aride
Les germes caressés d'un monde radieux,
Et chaque jour flétrir d'une nouvelle ride
Un génie infécond à soi-même odieux,

Et vivre, et vivre ainsi!... voilà l'affreux malaise
Que tu ne connais pas, plénitude des forts,
Et saint Laurent lui-même, étendu sur la braise,
N'en a pas enduré de plus cuisant; alors,

Oui, pour les quatre fers d'un chien, pour une ordure,
Pour l'immonde catin que de vils caporaux
Insultent dans la rue, et par la chevelure
A la face du jour traînent dans les ruisseaux,

On donnerait sa vie. O vous! qu'une chimère,
Fantôme décevant, fugitive lueur,
Rend martyrs, qui du spleen mâchez l'écorce amère,
Artistes soucieux, mes frères en douleur,

Quand vous en serez là, si vous voulez me croire,
Fumez une bouffarde ou Gambier ou Fiolet :
Puissant dérivatif! admirable exutoire
Qui vaut bien une balle au cul d'un pistolet!

A moins qu'une gastrite incongrue et mutine
Pour cornemuse ait pris votre pauvre estomac :
Tum, quià elidit nervos, la Médecine
Catégoriquement interdit le tabac.

A quel biais se résoudre, en cet état funeste?
Opter est, je l'avoue, assez embarrassant;
Votre spleen vous dit : pars, et rien ne vous dit : reste;
Pourtant vous demeurez; n'était l'horreur du sang,

La fin par le poignard est dramatique et belle;
On peut la remplacer par un bon grain de plomb
Expéditivement logé dans la cervelle,
Sans compter les réchauds, sans compter le poison.

Mais, tantôt par bémol et tantôt par bécarre,
Au moment solennel on remet à plus tard :
C'est que l'inexploré nous trouble et nous effare,
L'énigme de la mort en rend plus d'un couard.

Avec la nef du doute aux voiles déchirées
L'homme sur l'océan de l'être doit, hélas!
Lutter, lutter toujours contre vents et marées ;
Méditant sur la gueule avide du trépas

A laquelle toute âme en naissant est vouée,
Il dit : « Le ciel est clair, mais le sépulcre est noir, »
Et flotte incessamment, misérable bouée,
Du volage caprice au rigoureux devoir.

Heureux le condamné sur qui s'abat la hache !
Fibre à fibre, vois-tu, l'affreux rostre puissant
De quelque oiseau d'enfer, à l'œuvre sans relâche,
Déchiquète mon cœur sans cesse renaissant.

Du pélican la mort rigide glace l'aile
Dès qu'en lui sa couvée a trouvé l'aliment,
Mais le ciel a voulu que mon âme immortelle
Se dévore elle-même avec acharnement.

Tel je suis, âpre écho des plus noires tortures ;
Nul pourtant n'aime avec une plus vive ardeur
Et les riants tableaux et les tendres peintures :
J'étais né pour l'amour comme pour le bonheur ;

Mais ce monde, où Satan tient sa cour triomphale,
Change en âge d'airain le plus bel âge d'or,
Et de son souffle impur, et de sa main brutale,
Stérilise le germe et comprime l'essor.

Tout n'est que jalousie, haine, brigues, servage,
Mais devant nul faux dieu mon genou n'a plié ;
Mon âme inaccessible, indomptable et sauvage,
Dédaigne également blâme, éloge ou pitié.

Oui, sur le piédestal d'un orgueil solitaire,
Bien loin de tout ramas, bien loin de tout essaim,
Je me tiens fièrement comme l'aigle à son aire :
L'océan du mépris bouillonne dans mon sein.

Pour qui donc, Muse en rut, caillette jacassière,
Me fais-tu coudre, hélas! ces hémistiches-ci?
Farrago qui peut-être aura pour tout salaire
D'un bourgeois plantureux le froid « couci-couci »

Au Ténare du spleen, friand d'apothéose,
Vainement je m'enfourne, Empédocle nouveau :
Qui ne conspuerait pas ces vers plus durs que prose,
Titubants, bosselés, faits à coups de marteau?

Parlez-moi de ces chants, doux comme le saint chrême,
Parc aristocratique aux rustres interdit,
Où la moindre gargouille épanche de la crême,
Où les moindres cailloux sont de sucre candi.

On me l'avait corné que c'est une lubie
Périlleuse d'écrire, et qu'il valait mieux voir
Du côté positif les choses de la vie,
Qu'autour d'un qui s'élève on en voit mille choir ;

Mais voilà : prétendant au titre de grand homme,
De podagre perclus je traitais tout Mentor ;
Et j'ai perdu la paix de la bête de somme ;
Oh ! vous aviez raison, messieurs, puisque j'eus tort.

Il est vrai, le grand air peut vous donner un rhume,
Je me crus rossignol et suis frère des geais ;
Mon amende honorable est bien un peu posthume,
Mais, le proverbe dit : « Mieux vaut tard que jamais. »

Si j'avais imité mes sages camarades,
Je serais artilleur ou grave magistrat ;
Mais comme vous savez, un braque a ses toquades,
Et le bon sens en lui jamais ne pénétra.

Apollon a fondu mon aile icarienne ;
Ah ! partir si fringant pour retomber sitôt !
Comme le fit Byron, il faut que je convienne
Que j'étais un intrus sur le double coteau.

Œil fixe et bouche ouverte, ainsi qu'une crétine,
Muse, tu perds ton temps à lancer l'hameçon ;
Malgré ton long roseau, de ma pauvre piscine
Tu n'emporteras pas le plus petit goujon.

Quand on a comme moi bien battu la campagne,
Qu'on a tâté cela, qu'on a tâté ceci,
Quand on s'est escrimé sur maint mât de cocagne
Et que l'on a la rate, on se demande si

Après Laure et Gretchen, Isabelle et Sophie,
Dites sur tous les tons : ut, fa, ré, la, mi, sol,
Le plus stable plateau de la philosophie
N'est pas Polichinelle ou son rival Guignol.

Pour ne pas larmoyer, quoi de mieux que de rire
En jetant son bonnet par dessus les moulins?
C'est là l'unique issue, et, quoique on puisse dire,
Les plus rogues sont tous plus ou moins tabarins.

Je me prends pour exemple : assommante commère
Je jase sans tarir, depuis tantôt mille ans,
Pour vous faire savoir que j'aurais dû me taire;
Sur leurs tréteaux que font de pis les charlatans?

Pauvre ours pyrénéen, enfant j'ai dans les rues
Contemplé bien souvent avec un vif émoi
Ta démarche pesante et tes cuisses velues;
Oh! tu ne sors jamais de ton mutisme, toi!

Auprès de maint bavard qui devrait rester souche,
Tu dois être envahi de superbes dédains ;
Plus profond est cent fois ton grognement farouche
Que l'oiseux charabias des farfadets mondains.

Tel, dont l'argile en feu n'est jamais satisfaite,
Raille le cœur au nom de son bestial instinct ;
Tel autre, qui n'est plus qu'une flasque mouillette,
Devient par impuissance un hargneux puritain.

A Jéhovah lui-même il prêterait main forte,
A bas ! les sentiments, et vivent les licous !
Sa langue est un traquet ; le diable les emporte
Ces vertueux rasoirs, ces Catons de deux sous.

Essuyer leur faconde est le dernier supplice,
Je les voue au pilon du tarse à l'occiput ;
Terre et ciel ! mille fois me ruer dans le vice,
Plutôt que de subir les jougs de Lilliput.

Un coursier ! un coursier ! plus prompt que la lumière,
Impétueux, sauvage, un coursier du désert,
Dont le libre ouragan soulève la crinière,
Sans étriers ni mors,... de l'air ! de l'air ! de l'air !

Sur son dos frémissant je veux franchir les plaines,
A nous suivre lasser rafales et démons;
En avant! ô pensée! et qu'entre deux haleines
Nous laissions loin de nous forêts, gouffres et monts.

Casse du pied le front à toute tyrannie.
Fût-ce Dieu, si quelqu'un, tenant bride et girel,
Voulait te refréner, indomptable génie
Dans ton superbe orgueil cabre-toi jusqu'au ciel!

Au barde chaque oison veut donner sa férule;
Il est bien des moments où je fais moins de cas
De l'art divin des vers que du pet d'une mule,
Et me dis : à quoi bon tout ce bruyant fatras?

Au lieu de polluer mon étique caboche,
Gigogne de bambins moelleux ou loups-garous,
Ne ferais-je pas mieux d'empoigner une pioche
Et de planter gaîment des navets et des choux?

Détestable métier! d'enfiler une rime
Comme la gargotière enfile un champignon;
Et quels flux et reflux! tantôt sur une cime,
Puis dans un cul de fosse, astre, puis lumignon;

Sangdieu ! c'est à porter envie à la chiourme ;
Ce n'est pas en mauviette, en eunuque, en flandrin
Qu'il me fallait jeter mon orageuse gourme ;
Hélas ! d'une autre vie en moi vagit l'instinct :

N'avoir d'autre Alhambra que les antres sonores,
N'avoir d'autres joujoux, trabucaire endurci,
Qu'un sabre toujours chaud du sang des vils Pandores
Et le tromblon béant par la poudre noirci ;

Pour compagnon de route avoir le précipice ;
Quand fulgure le ciel, de volupté bondir ;
Engraisser les vautours de limiers de police,
Cette devise au cœur : « Vivre libre ou mourir ! »

Plus hautain que Porus, plus robuste qu'Alcide,
Jusqu'au dernier soupir protester, protester
Contre un monde pourri, contre un monde stupide,
Ne céder qu'au trépas sur quelque dur rocher ;...

Alors, du moins, mais non, tous, lâches que nous sommes !
Nous subissons le joug, le bât, le ratelier ;
Et les seuls que j'estime, en ce vil troupeau d'hommes,
Sont l'écumeur de mers et le contrebandier.

Quoique flétri, mon cœur, il est vrai, goûte encore
Le silence rêveur sous les cieux étoilés,
L'hymne des doux oiseaux chantant la douce aurore,
La corolle vermeille et les parfums ailés ;

Et surtout, oh ! surtout j'adore l'harmonie.
Langue des séraphins, verbe mystérieux,
O Musique ! ton charme éveille mon génie :
Je suis la torche et toi le souffle impétueux.

De tes divins accords l'empire sur mon âme
Est pareil à celui du ciel sur l'Océan,
Lorsque la folle mer par chaque lourde lame
Gronde, hurle et rugit comme un lion géant,

Et dans sa délirante et frénétique ivresse
Secoue avec orgueil sa crinière de flots ;
Royal dévergondage !... est-ce joie ou détresse ?
Est-ce un cri de bonheur ? sont-ce d'âpres sanglots ?

Puis voyez par degrés le monstre qui s'apaise ;
Lui qui naguère encor luttait terrible et noir
Contre tous les récifs, s'endort sous la falaise,
Et cet affreux chaos devient un clair miroir.

Eh bien, mon âme, en proie à d'éternels orages,
Sœur de l'immense gouffre, a ses flots indomptés,
Ses aubes et ses nuits, ses douceurs et ses rages,
Ses sinistres horreurs et ses sérénités.

Elle monte, s'étend, embrasse l'empyrée,
S'identifie avec l'insondable univers ;
Azur illimité de la plaine éthérée,
Sombre et fier Océan, mornes et chauds déserts,...

Qu'êtes-vous cieux sans fond, grandes eaux, vastes sables ?
Dans mon sein dilaté pourrait contenir Dieu ;
Oh ! comment exprimer ces transports ineffables ?
Que n'ai-je pour parler des paroles de feu ?

Brises qui murmurez dans les vertes ramées,
Vagues qui soupirez sous l'ombrage mouvant,
Hôtes mélodieux des touffes embaumées,
Chansons des oiselets, des ondes et du vent ;

Sonores voix de femme, aux douceurs infinies,
Harpes qu'au paradis les houris font vibrer,
Unissez vos accords, mêlez vos harmonies,
Et venez me bercer, me ravir, m'enivrer !

Par l'aride réel, aux sèches mains spectrales,
Chaque rêve est saisi, papillon enchanté;
Épanchez-vous sans cesse, effluves musicales
Qui seules possédez la vertu du Léthé.

Puissé-je, pour gagner quelque céleste cime,
Sentir, quittant enfin sa charnelle prison,
Mon être incorporel prendre un essor sublime
A travers l'infini, sur les ailes d'un son!

Mais pourquoi s'égarer aux sphères incertaines?
Pourquoi dans l'idéal tant de bonds insensés?
Les funestes anneaux de nos terrestres chaînes
Retombent sur le cœur plus lourds et plus glacés.

J'ai voulu, comme Adam, mordre aux fatales pommes,
Et pour boire la nuit mes yeux se sont ouverts;
Oh! de ma cécité revenez, doux fantômes :
Quel dessillement vaut les erreurs que je perds?

Plus rien autour de moi que poudre et que ténèbres;
Sous mes embrassements (Moloch infortuné!)
Dans des contorsions livides et funèbres
Tout expire et retombe inerte et calciné.

Mon alchimie, hélas! au fond de la coupelle
Pour résidu suprême a trouvé le néant,
Remords pour volupté, cendre pour étincelle,
Steppes sans borne après le mirage brillant;

Vains délires suivis d'agoniques marasmes.
De quel nom t'appeler, inconcevable Auteur?
Toute onde a ses écueils et tout air ses miasmes;
Hélas! ne serais-tu qu'un mystificateur?

Jusque dans nos désirs nous sommes des esclaves,
Et le plaisir en soi récèle un suc mortel :
Le dégoût; ah! comment, au sein de tant d'épaves,
Adopter une foi, conserver un autel?

Dans les pieux élans d'une amoureuse extase,
Qu'un autre s'agenouille et bénisse son Dieu :
Sous le cristal des flots je vois l'immonde vase,
Et dis à l'espérance un éternel adieu!

Mon vers ne sera plus qu'un sanglot et qu'un râle
Apre, rauque, strident, lugubre, prolongé
Comme les grincements de la plage infernale;
Foin! même de l'amour : de tout je prends congé.

Maudite soit la nuit et maudite l'aurore!
Maudit soit ce qui veille et maudit ce qui dort!
Maudit soit le destin qui crée et qui dévore!
Maudite l'existence! et maudite la mort!

CHANT IV

— « Des imprécations ! Arrête, téméraire :
 « Quel calice as-tu bu ? quel arbre as-tu porté ?
 « Où donc est ta ciguë ? où donc est ton Calvaire ?
 « Et pour qui te draper dans ton inanité ?

 « S'abstraire en misanthrope est indigne d'un homme,
 « Le luth n'est plus un jeu mais une mission ;
 « Ta muse est la Pitié : verse à longs flots le baume,
 « Cloue au poteau : ta muse est l'Expiation.

 « Ah ! quand des millions de larves agonisent
 « Dans l'ombre, la misère et la captivité,
 « Quelques cris personnels à ton âme suffisent !
 « Mais qu'es-tu, vermisseau, devant l'Humanité ?

« Eh quoi! parce qu'aride et pénible est la route,
« Qu'un spleen opiniâtre oppresse tes vingts ans,
« Dans la société faut-il jeter le doute?
« Faut-il décourager les peuples militants?

« Elle a besoin de toi l'obscure populace;
« Machaon du fellah, mistre de l'hospodar,
« Tu dois au Golgotha marier le Parnasse
« Et de l'Égalité déployer l'étendard.

« Tu veux maudire, eh bien! maudis la tyrannie,
« Relève l'opprimé, terrasse l'oppresseur,
« Donne une noble source à ta mélancolie,
« Du mal universel fais ta propre douleur.

« Guerre et mort aux faux dieux! continue Encelade:
« L'Olympe est à raser, allons! poitrine au vent,
« Et pas de défaillance, et pas de reculade,
« En avant! en avant! en avant! en avant!

« Sois l'abnégation et sois le sacrifice,
« Apôtre-médecin, ton rôle est de guérir,
« Ouvre à la poésie une nouvelle lice,
« Aux regards consternés fais luire l'avenir! » —

O Muse, sois bénie. Oh ! parle, parle encore ;
Un esprit tout nouveau m'anime et me dévore,
Mes yeux à ta clarté s'entr'ouvrent éperdus,
Je cherche le vieil homme et ne le trouve plus.
Je sors régénéré de ton saint baptistère,
De ta céleste voix la foudre salutaire
Me frappant m'a guéri, comme elle guérit Paul ;
Je suis prêt à te suivre, ô Muse ! prends ton vol.
Mon vers sera semblable à l'accent des sibylles ;
Arrière ! les sanglots et les plaintes stériles,
Arrière ! le regard concentré sur soi seul ;
O personnalité ! ton puéril linceul
Ne dérobera plus mes membres à la lutte ;
Me voilà tout armé, sans perdre une minute
Combattons pour hâter le règne de l'amour ;
Mâle Muse, en avant ! proue et fronts vers le jour.

En avant ! ne crains plus que le doute m'assaille,
Je ne m'arrêterai qu'au coup du noir trépas,
Prépare tes canons, ta poudre et ta mitraille,
Quel que soit le péril, je ne faiblirai pas.

Jadis, osant braver mer et sables, Moïse
Guida vers Chanaan Israël débâté ;

Pour nous l'Égalité c'est la terre promise,
Et le peuple de Dieu s'appelle Humanité!

En avant! saint progrès, sois toujours ma bannière;
Mon sein brûle, tressaille et déborde d'amour;
A sangler les pervers j'emploierai ma lanière;
De mon poing formidable un jour, peut-être, un jour

Des fastueux palais j'enfoncerai les portes,
Peut-être verrez-vous, peut-être entendrez-vous,
O tyrans! effarés comme les feuilles mortes
Qu'enlève l'ouragan, l'implacable courroux

S'échapper en gonflant mon ardente narine,
Plus épais et plus noir qu'une vapeur d'enfer,
Et dans mon œil braqué, dans ma forte poitrine,
Gronder le sourd tonnerre et flamboyer l'éclair.

Toi qui dors maintenant sous les dalles funèbres,
Père qui m'instruisais, ô penseur tendre et fort!
Qui, plein de plus de jour qu'elle n'a de ténèbres,
D'un front calme et serein envisageas la mort;

Noble soldat de Dieu, nourris en moi ta flamme,
Dans la foi du progrès retiens toujours mon cœur ;
Et toi, donne à mes chants la douceur de ton âme,
Toi, chaste frère, hélas ! moissonné dans ta fleur.

O fortune ! aux tyrans toujours prostituée,
Laisse l'enfant se faire homme, et prends ton ébat
Avec tous ces rufians : aujourd'hui la huée,
Et demain la menace, et demain le combat !

Pour fonder à jamais la royauté des peuples
J'entonnerai le chant de la rébellion :
A bas ! les vieux donjons, au feu ! tous les vieux meubles,
Frappe loups et renards, ô Révolution !

Frappe : arborant Jésus qui dit : Amour et vie,
Satan n'a dans le cœur que la haine et la mort,
Et Dieu, qui souffre, hélas ! quand le monde dévie,
Bénit le droit du bon, maudit le droit du fort.

Voilà quelle sera ma sainte et rude tâche
Quand mon organe aura pris un timbre viril ;
Alors j'affilerai mon vers comme une hache,
Et gare à l'infamie, et gare au rameau vil !

Gérontes décrépits, race caduque et niaise,
Par amour de la paix tendez la bouche au mors
Et crevez du farcin : moi je suis la fournaise
Où bouillonne la vie, et ce n'est pas aux morts,

Non, ce n'est pas aux morts à prêcher l'Évangile,
Ce n'est pas d'un bois sec que le fruit peut sortir ;
Place aux jeunes rameaux, vieille souche inutile :
Tu n'es que le passé, le barde est l'avenir.

Il est le belluaire et l'éleuthéromane,
Formidable aux Syllas, doux et tendre aux proscrits ;
Verge et fiel pour les uns, et pour les autres manne ;
Dans ce Nocturnius couve une Némésis.

Caïn, c'était le droit ; Abel, le privilége ;
Et Caïn a bien fait d'assassiner Abel.
Oh ! je vous le prédis, fini n'est pas le siége :
Il faut que la géhenne escalade le ciel.

Le trône et l'autel sont la source de nos pestes ;
Fût-elle seule, eh bien ! ma muse plantera
Son scramasax vengeur dans les torses funestes :
Appelez-moi Brutus tant qu'un César vivra !

Ah ! mon vers fulgurant vous trouble et vous suffoque,
Ce sont là, dites-vous, de brutales vertus,
Et sous ce Juvénal, et sous cet Archiloque
Vous n'apercevez pas Théocrite et Jésus ;

L'amour seul, cependant, l'arme contre le crime ;
Cette inflexible juge à la terrible voix
Est également prêt, simple autant que sublime,
A vivre sous le chaume et mourir sur la croix.

O Muse de l'Idylle ! épanche tes rosées,
Fais sourdre une oasis au désert de mes chants ;
Éventez, frais zéphyrs, mes tempes embrasées,
Descends, descends en moi, paix du ciel et des champs !

    Je vous préfère, ô campagnes !
    Aux brillants palais des rois ;
    Je suis né dans les montagnes,
    J'aime les prés et les bois.

    Des splendeurs des cités viles
    Mon œil n'est point partisan ;
    Quoique pâle enfant des villes,
    J'ai des goûts de paysan.

Dans un luxe de feuillées
Regardez sur ce coteau
Ces maisons éparpillées :
C'est le modeste hameau.

Nulle mondaine rafale
N'en a jamais approché ;
Point de royal Bucéphale
De pourpre et d'or harnaché,

Mais le bœuf à large tête,
Le chien, nocturne Stentor,
Le coq à sanglante crête,
Plus fier qu'un tambour-major.

Heureux l'hôte de la ferme
Simple de cœur et d'esprit :
Dans chaque bouton qui germe
La Nature lui sourit.

Un grand orme séculaire
Par le trisaïeul planté,
Sur le sol battu de l'aire
Étend son dôme enchanté.

Près du toit chaumeux des pâtres
S'élève la douce tour
Où des colombes bleuâtres
Caracoulent leur amour.

Le hangar offre à la vue
Tout un amas d'instruments :
Herse, faulx, jougs et charrue,
Bois lisse et fers reluisants.

C'est que l'on chôme au village ;
Quelques séniles profils
Se détachent sous l'ombrage,
Mais les jeunes, où sont-ils?

Toi qui n'as jamais peut-être
Vu frissonner le bouleau,
Laisse ma muse champêtre
Te peindre un petit tableau.

Le soir qui clôt la semaine
On arrête le dessein
D'aller à l'urbe prochaine
Fêter le dimanche saint.

Elle est à trois mille toises,
Aussi, d'un sommeil léger,
Villageois et villageoises,
La bergère et le berger

Dorment ; dès que se dérobe
La nuit sombre, et qu'à l'écho
Le gai ménestrel de l'aube
Lance son coquerico,

Les gars exhument la veste
Lustrée, et le fin gilet,
Le pantalon bleu-céleste
Et l'écarlate béret.

Les filles, pour la journée
Laissant chapels et sabots,
Prennent coiffe enrubanée,
Et les souliers les plus beaux.

Sur la place du village
Déjà l'on est au complet,
Et voilà que l'on s'engage,
En chantant, dans la forêt.

Ils descendent la frênaie
Par les suaves sentiers
Que borde un double haie
De sureaux et d'églantiers.

Et de la joyeuse troupe
Montent les éclats de voix
Vers un ciel pur que découpe
Le noir feuillage des bois.

Des célestes myriades
Pâlissent les yeux divins,
Les pensives Oréades
S'éveillent dans les ravins.

On entend des alouettes
Le grisollement confus,
L'aurore empourpre les faîtes,
Au loin tinte l'Angelus.

Enfin on touche à la ville,
Voici le rose clocher,
Autour Progné vole agile,
Les ramiers vont y nicher,

Sous le couvert de l'église
On va droit voir les marchands
Déballer de leur valise
Cent objets très-alléchants :

Fichus aux fleurs satinées,
Cravates du plus beau choix,
Gravures enluminées,
Bagues, chapelets et croix.

L'œil des filles étincelle ;
Généreux et diligent,
Le fiancé pour sa belle
Achète l'anneau d'argent.

Mais tin ! dinng ! dong !... c'est la messe,
Brebis, rentrez au bercail ;
Le pieux essaim s'empresse
De gagner le saint portail.

Tin ! dinng ! dong !... la messe est dite ;
Voyez les mille couleurs
D'un fleuve humain qui s'agite
Avec de vagues rumeurs ;

Sous le porche où l'on s'entasse,
Un vieil aveugle tremblant
Tend à la foule qui passe
Sa sébile de fer-blanc.

La bande, quittant l'apôtre
Pour courir le guilledou,
Qui d'un côté, qui d'un autre,
Se disperse un peu partout.

L'un se promène et muguette,
Un autre, moins langoureux,
Braille, en buvant la piquette,
A faire trembler les cieux.

D'autres, jusqu'à la vesprée,
Tout là-bas, sous les ormeaux,
Grands amateurs de bourrée,
Sautent comme des chevreaux.

Cependant Phébus décline,
Et le bataillon d'amour
Se reforme et s'achemine
Par couples, devers le bourg.

Sans muser, car, le dimanche,
Chacun sait qu'il trouvera
Sur la table en nappe blanche
La maman servant l'extra :

Œufs au jambon, frais de l'heure,
Millas au lait, vrai trésor,
Chapon tendre comme beurre,
Pain de mil roux comme l'or.

J'en suis sûr, le bon Homère
Aux fumets de ce festin
Pâmerait, et le tonnerre
Échapperait à Jupin.

Adieu, danses et gogaille,
Jusqu'au dimanche nouveau.
On retourne au lit de paille,
Et, sur le calme hameau,

Avec un rayon de lune
Descend un sommeil de paix
Que l'amant de la fortune
Bénirait dans ses palais.

Mais sitôt que se dérobe
La nuit sombre, et qu'à l'écho
Le gai ménestrel de l'aube
Lance son coquerico,...

Fourches, charrue et faucilles
Disparaissent du hangar;
Jeunes gens et jeunes filles
Et vieux, pour les champs tout part.

Courage! enfants de la terre,
L'air est pur, le ciel est bleu,
Le travail est la prière
La plus agréable à Dieu.

Aux merveilles des campagnes
Je veux consacrer ma voix :
Je suis né dans les montagnes,
J'aime les prés et les bois.

Sur mainte source ignorée,
Sous l'herbe tout bas chantant,
La demoiselle nacrée
Suspend son vol inconstant.

L'aile des zéphirs secoue
L'odeur suave des foins,
Le papillon blanc se joue
Sur la pourpre des sainfoins.

Hélas! pauvre est ma corbeille,
Insuffisants mes pipeaux;
Ouvrez l'œil, prêtez l'oreille :
Quels accents et quels tableaux!

Dans les hautes gerbes blondes
Des groupes de moissonneurs,
Et des verdures profondes,
Et des loriots jaseurs;

Des nids de bourre et de mousse,
Des arbres mystérieux
Où dorment, famille douce,
Les oisillons duveteux.

La tutélaire Nature
Sur eux veille avec amour;
La mère est à la pâture,
Ils attendent son retour.

Quand passe une brise errante,
Trompés, les pauvres petits,
Cous tendus, aile tremblante,
Ouvrent leurs becs de rubis.

Tandis qu'Amour seul le guide,
Le jeune berger, parfois,
Sur une flûte limpide
Soupire à l'ombre des bois.

Les rumeurs des multitudes
Ici n'arrivent jamais,
Sur ces tendres solitudes
Plane l'ange de la paix.

Mais de landes désolées
Ce n'est pas le calme mort :
Des coteaux et des vallées
Tout un concert joyeux sort.

Mille notes pastorales
Que dominent les chansons
Des stridulentes cigales,
Et le cri-cri des grillons ;

Bruissements de ramures,
Frais grésillement de flots,
Mélancoliques murmures,
Imperceptibles échos ;

Hymne vague des prairies
En l'honneur du roi des rois,
Vaporeuses symphonies.....
Du silence c'est la voix.

O création sereine
Où je retrempe ma foi !
Nature, ma souveraine,
Mon cœur ému bat pour toi,

Soit que la montagne brune
Se dore aux feux du matin,
Soit qu'au ciel règne la lune,
Douce comme un séraphin.

Tous les jardins de Lutèce
Ne remplacent pas les champs ;
Nulle corolle duchesse
N'évincera de mes chants

La fleur d'azur qui se mêle
Aux épis de messidor ;
L'humble et calme villanelle
Vaut l'ode au brillant essor.

Plus me plaît que les merveilles
De la porte Saint-Martin,
Le spectacle des abeilles
Butinant le sarrazin.

Cet indigent faste obscène
A nos regards étalé,
Les détourne de la scène
Du large ciel étoilé.

Notre cœur, rongé de vices,
D'immoralités repu,
Ne s'éveille qu'aux épices
D'un art nain et corrompu.

Dans sa puante gangrène
Le siècle s'est affaissé :
On court à *La Belle Hélène*,
Et Corneille est délaissé.

Qu'offrirons-nous à l'histoire?
Paillardise et lâcheté;
La débauche est l'exutoire
De notre virilité.

Tant mieux que toutes les crasses
S'étagent sur tous les rangs :
La pourriture des masses
Fait la force des tyrans.

On applaudit à la Muse
Se troussant jusqu'au nombril;
Mais si, chaste et grave, elle use
Du fouet justicier : l'exil.

Fille austère de Socrate,
Les mécontents sont exclus;
Ce qu'il faut à l'autocrate,
C'est des nabots dissolus.

Droit, honneur, amour, civisme,
On ne comprend plus cela;
Mulets du parasitisme,
Châtrés et vils, nous voilà,

Nous, fils de Quatre-vingt-treize,
Au « *Panem et Circenses* » ;
Hier c'était la fournaise,
Mais aujourd'hui c'est l'abcès.

Plus rien dans votre esprit n'entre
De grand, de noble et de beau ;
Satan sourit : l'homme-ventre
Est loin de l'homme-flambeau.

Mon Dieu! parmi les infâmes
Je me laisserais compter!
Moi que dévorent tes flammes,
On me verrait accepter,

Maigre bâtard du Parnasse,
Prostituteur d'Apollon,
Pour museler mon audace
Chamos ou Plutus!... non, non.

Je veux dans l'ombre orgiaque
Lancer la foudre et l'éclair.
O Paris! vaste cloaque,
Moi qui toujours, pur et fier,

Pour école eus des montagnes
La sauvage liberté,
J'apporterai dans tes bagnes
Ma mâle virginité.

L'ire sainte en moi bouillonne,
Je clamerai vers le ciel
Dans cette autre Babylone,
Comme un autre Ézéchiel.

Vivre est un affreux supplice,
Ce bas monde, en vérité,
Semble un chaos sans justice
Fils de la fatalité ;

Mais, honte ! à l'esprit cadavre,
Indigne chef du grand ost,
Qui nous déserte ou nous navre :
Honte à Manfred ! honte à Faust !

Mais honte ! à l'âme frivole
Qui, détournant son regard
De nos maux, s'ébat et vole
Sur les fleurs de l'art pour l'art.

Nous devons, jeunes Homères,
Réhabiliter Vulcain,
Et joindre des vulnéraires
A la rose du festin.

Que l'on sente qu'à la joie
Tu renaîtrais, ménestrel,
Si tu découvrais la voie
Du bonheur universel.

Mainte Muse sépulcrale
A bien assez larmoyé,
Sortons de l'obscur dédale
Où Gœthe s'est fourvoyé.

Je hais ce brouillard mystique ;
A moi la tiède clarté,
La sérénité plastique
De la jeune Antiquité.

Plus de voiles, plus d'ellipse,
Pitié ! pour les pauvres gens ;
Au fumier ! l'Apocalypse,
A Bicêtre ! les Saint-Jeans.

Que l'oubli, fosse éternelle,
Engloutisse tous les sphinx ;
Dissipe-toi, nuit mortelle,
Taupes, changez-vous en lynx.

Oh ! sur la glèbe ou l'enclume
Vous tous qui vivez penchés,
Frères ! pour vous mon front fume,
Saints travailleurs, approchez :

Je veux à votre souffrance
Ouvrir d'heureux horizons ;
Vous trouverez l'espérance
Au banquet de mes chansons.

Pour vous j'ai dressé mes tables ;
Sombre troupeau, tu m'es cher ;
Mangez, buvez, misérables :
C'est mon sang et c'est ma chair !

Ma pitié, puissante fée,
De tout serf rompra les fers ;
Je descendrai comme Orphée,
O peuple ! dans tes enfers,

Et j'éventrerai Cerbère,
Je garrotterai Pluton ;
Je tiens de la nouvelle ère
L'inextinguible brandon.

O toi ! dont je sers la cause,
Si je faillis sous l'effort,
Rends à mon esprit morose
La foi, ces deux ailes d'or.

Ta main, déroulant les phases
Du progrès indéfini,
Prépare le jour d'extases,
Le jour mille fois béni

Où du prêtre le poète
Ne verra plus, juste Dieu,
La sinistre silhouette,
Noire sur l'horizon bleu.

Plus de sabres ! et plus de balles !
Russe, Anglais, Franc et Germain,
Libres de chefs cannibales,
Bientôt se tendront la main.

Au sein de noires folies,
Raison, verse à flots ton jour,
Transforme les panoplies
En instruments de labour ;

Sacrons reine la pensée,
Dépouillons le sanglant Mars ;
Que Cérès soit encensée,
Honneur aux paisibles arts !

Du passé creusons la fosse,
Sans merci pilorions
Porte-sceptre et porte-crosse,
Sataniques histrions.

C'est à nous bardes de France,
Sol d'amour et de progrès,
De guerroyer à outrance
Pour l'universelle paix.

Jusqu'au jour du large pacte
Sois, ô mon vers redouté !
La voix d'une cataracte
Ébranlant l'immensité. —

— « Calme-toi, jeune poète ;
« Oh! là-bas, là-bas, là-bas
« C'est une innombrable fête :
« Écoute, n'entends-tu pas,

« Par la distance étouffées,
« Les clameurs des nations ?
« Des orchestres, par bouffées,
« Dans l'air s'épandent les sons.

« En avant! sous mon égide.
« De ta muse suis les pas ;
« Oh! quel spectacle splendide :
« Regarde, ne vois-tu pas,

« Ainsi qu'une mer sereine
« Où se mirent de beaux cieux,
« Toute la Famille humaine
« Ondulant à flots heureux?

« Plus de bas-fonds et de faîte,
« Car le monde est aplani ;
« Chaque faim est satisfaite,
« Chaque sommeil a son nid.

« Ce n'est plus l'affreux contraste
« Des civilisations :
« L'indigence auprès du faste,
« L'hermine auprès des haillons ;

« Car morte est la tyrannie,
« Car on touche à Chanaan,
« Car l'aube de l'harmonie
« Sourit aux enfants d'Adam.

« Chacun, modeste en son âme,
« Va du livre à l'atelier ;
« Tout esprit est une flamme,
« Et tout bras est un levier!

« En nectar, de cette vie
« S'est changé le vin amer ;
« O suave poésie !
« O douceur de s'entr'aimer !

« Sur chaque étendard flamboie :
« *Concorde et Fraternité!*
« Du travail jaillit la joie,
« L'ordre de la liberté.

SPLEEN. — CHANT IV

« Ce n'est qu'arcs et banderoles,
« Que guirlandes et festons;... »
— Mais trop loin, trop loin tu voles,
O ma Muse ! Revenons

De ces splendides féeries
A cette ère de Satan :
Qu'est ceci ? — Les Tuileries. —
Et ceci ? — Le Vatican. —

Sur ta face radieuse
Mets donc un crêpe de deuil ;
Je suis la vague écumeuse
Qui rugit contre l'écueil!!!

XXVIII

BLONDE ET BRUNE

Certes, j'aime bien la mer pâle
De la moisson au flot dormant,
Et les tendres reflets d'opale
Dont l'aube peint le firmament;

Mais autant que l'aube craintive,
Autant que l'or mouvant des blés
J'aime, par une nuit pensive,
Les cieux de diamants sablés.

Avril 1867.

XXIX

RÉVEIL PRINTANIER

Du blanc hiver la fourrure
Ne revêt plus les terroirs,
Une vapeur de verdure
Flotte dans les rameaux noirs.

Le soleil reprend sa flamme,
Le blé rit dans les sillons,
Zéphyr s'ébat et se pâme,
L'air est plein de papillons.

De la Nature immortelle
C'est le réveil printanier,
Le charme des champs appelle
Jusqu'au bourgeois casanier.

O ma Muse! ma main droite
Peut brandir le sabre, mais
Tire ton luth de sa boîte :
Chansons d'abord, guerre après.

Trêve à tes pensers moroses,
Regarde : les pêchers sont
Mouchetés d'étoiles roses
Où prélude le pinson.

D'amour tressaille la terre,
L'aube, à l'éclat rajeuni,
Met au noir sapin austère
Une mante d'or bruni.

Vois quelle lascive étreinte
Des coteaux par le ciel bleu!
Sur mon front, suave et sainte,
Glisse l'haleine de Dieu.

O senteur des aubépines!
Rumeur des flots réjouis!
Allons courir les ravines,
Légers, ivres, éblouis!

Laissons un moment le trône
Et les vils soudards pourprés;
Je te veux une couronne
De petites fleurs des prés.

Chante, avant qu'ils ne s'effacent,
Nos horizons radieux;
N'attends pas qu'en moi trépassent
Les oiseaux mystérieux.

Je suis à l'âge de fête,
De joyeuse et folle humour;
Muse! la jeunesse est faite
Pour les frais hymnes d'amour.

Foix, décembre 1865.

XXX

DEUIL D'UN PÈRE

Le père au désespoir ne souffre pas l'aède,
Ses longs sanglots aigus sont le suprême accord ;
Ton père cependant, ô pauvre, pauvre Orède !
Ton père vient gémir un hymne sur ta mort.

Par les chemins déserts, voilés d'ombre nocturne,
J'arrive au seuil ami, d'un pas sourd et léger ;
Mais, hélas ! elle était pleurante et taciturne,
Et sans répondre un mot se laisse interroger.

A la fin, sur le mien fixant d'étrange sorte
Son regard, de langueur sépulcrale noyé :
— « Notre astre s'est éteint, notre petite est morte ! » —
Et je tombe roidi, muet et foudroyé.

Pareil au Juif maudit qui va sans prendre haleine,
Avant qu'à l'horizon pointât le gris matin,
Secouant fortement la stupeur qui m'enchaîne,
J'arpentais le sentier du village lointain.

J'approche, le plein jour a chassé les ténèbres,
Déjà le clocheton apparaît à mes yeux ;
O lamentable accueil ! du glas les coups funèbres,
Frappant les airs émus, s'élèvent jusqu'aux cieux.

Je cours à la maison du père de nourrice,
L'aïeule ouvre, me tend la main et m'introduit,
Et moi, qui veux tarir l'horreur de mon calice,
Flagellé, déchiré, j'écoute son récit.

O souvenir cuisant ! ô cruelle mémoire !
J'aurai là, toujours là ce lugubre tableau :
Cette jupe appendue à la clef de l'armoire,
Et ces tout petits bas sur le petit berceau !

Du convoi consterné rentre la sombre file ;
Je mêle aux cris plaintifs de la mère de lait
Mes sanglots, puis soudain du mortuaire asile
Je m'arrache et me rends seul au champ du Regret.

J'explore avec douleur l'enceinte funéraire
Et j'aperçois bientôt un médaillon de deuil
Aux branches d'une croix, et tout auprès la terre
Fraîchement relevée en forme de cercueil.

O malheur que jamais je n'aurais voulu croire !
Ma fille, qui luisais dans l'air plein de soleil,
Vive et joyeuse, hélas ! la froide fosse noire
T'enserre, hélas ! tu dors ton éternel sommeil.

Vers quelle sphère d'or ta petite âme blanche
A-t-elle pris l'essor ? O cher ange envolé !
Vois-tu ton père en pleurs qui prie et qui se penche
Pour te bénir ? vois-tu ton père désolé ?

Ah ! si le désespoir intense, impitoyable,
Touchant un ciel d'airain, ressuscitait les morts !
Ton bras soulèverait la terre qui t'accable,
Ton cœur qui ne bat plus reprendrait ses ressorts.

Cette extase d'amour devait m'être interdite
De voir ton pur œil bleu sur le mien se poser,
Je ne sentirai pas sur ma face maudite
Les divines moiteurs de ton mignon baiser !

Si, du moins, j'avais clos ta suave paupière
Et recueilli ton souffle en cet affreux moment !
Mais, pour mieux me briser, le sort, le sort de pierre
M'a même refusé ce triste allégement.

Je n'ai point entendu ta faible voix plaintive
Monter dans l'infini, de ton sein oppressé,
Et je n'ai point collé ma lèvre convulsive
Sur la morte blancheur de ton beau front glacé !

Et dans les flots soyeux de ta tête adorée
Ma main n'a pu couper de boucle aux reflets d'or :
Le rapide trépas, jaloux de sa curée,
M'a ravi tout entier mon radieux trésor !

Adieu, ma chère enfant, cette morne vallée
Me reverra souvent, courbé sous mon émoi ;
Rien ne consolera mon âme mutilée,
Adieu, ma fille, adieu !... je suis plus mort que toi !

Je repasse le seuil de l'humble cimetière,
Livide comme un spectre échappé du tombeau,
Et pars, à chaque instant reportant en arrière
Ma vue, et l'attachant aux faîtes du hameau.

Lentement je marchais, mais quand du campanile
La flèche s'affaissa dans le vague horizon,
Sans plus me retourner je revins à la ville,
Du pas des réprouvés qu'aiguillonne un démon.

Mon âme s'est tordue au glas des funérailles,
Mais plus amers encor doivent être tes pleurs,
Toi dont elle avait fait tressaillir les entrailles,
Toi qui la mis au jour dans d'atroces douleurs !

Ne crains pas qu'oublieux et dur je te délaisse :
Dans le fond de mon cœur, comme le tien meurtri,
Éternel aliment de peine et de tendresse,
Se remuera toujours ce cadavre chéri !

Le soir où tu plissais une gaze légère,
Mignature de robe, oh ! combien, combien peu
Ton esprit se doutait que c'était un suaire,
Et qu'Orède sitôt retournerait à Dieu !

Confondons en secret nos soupirs et nos larmes,
Ne prêtons pas l'oreille aux sages imposteurs ;
A ce trait du destin je rends mes vaines armes :
Quel baume ont à verser de froids consolateurs ?

Tout conseil me serait un âpre coup de lance,
Je veux par les regrets me sentir dévoré ;
Montrez à mon chagrin le respect du silence :
La raison est stupide où saigne un cœur navré.

O Mort! tu peux venir, je te serai docile ;
Ta faulx sombre a pour moi dépouillé l'avenir,
Ton aspect m'est connu : sur l'oreiller d'argile
J'ai père, frère et fille ; ô Mort, tu peux venir !

Mais quel horrible appel t'adresse ma misère !
Dans quel sein ce serait enfoncer le couteau !...
— J'aime mieux, quand je songe à ma céleste mère,
Vivre cent fois martyr que de mourir bourreau.

Avril 1867.

XXXI

LA JEUNE LAVANDIÈRE DES PYRÉNÉES

Une brise légère agite les feuillées,
L'étoile d'or pâlit dans le clair firmament,
Et du gave joyeux les vagues réveillées
A travers les rochers sautent en écumant.

  Dès que de l'aube vermeille
   Pointe le rose rayon,
  Brunetta prend sa corbeille,
   Son battoir et son savon.

  Brunetta jamais ne rêve
  Que de saules et de flots ;
  Elle descend vers la grève
  Sans escarpins ni sabots.

Elle a, charmante fillette,
La tresse brune et l'œil noir ;
Son frais minois se reflète
Dans le liquide miroir.

Un agile hoche-queue,
Gai lutin de ce tableau,
Déployant son aile bleue,
Pousse un trille et rase l'eau.

Pan ! pan ! — Sous le dais des branches,
Seule, à genoux près du bord,
Elle bat les hardes blanches,
Puis, gracieuse, les tord.

Quand la lessive est bien nette
Et ne forme plus qu'un tas,
A son estomac Brunette
Songe : simple est son repas,

Mais la sauce la meilleure
C'est un appétit vermeil.
Cependant, sans perdre l'heure
Où darde à plomb le soleil,

Se levant de l'herbe tendre,
Sur la haie ou le rocher
Elle s'empresse d'étendre
Son linge, pour le sécher.

Quels pas légers et rapides !
Lorsqu'Éole dans ses jeux
Lui prend ses chiffons splendides,
Comme elle court après eux !

Aux rumeurs de la rivière
Elle mêle sa chanson,
Elle est sœur, la lavandière,
Des fauvettes du buisson.

Sur sa bouche purpurine
Brille un doux sourire en fleur,
Elle n'est jamais chagrine,
Étant pleine de candeur.

Sa gaîté n'a point de ride,
Heureux ! qui l'épousera :
Elle a l'âme aussi limpide
Que les flots d'Aurigéra.

— O naïade de Pyrène,
Travaille et chante toujours ;
Laisse aux dames de la reine
Le morne luxe des cours.

Dédaignant or et guipure,
Garde la joie et les ris ;
Préfère, humble, active et pure,
Tes berges à leurs lambris.

Le monde, gouffre rapace,
Engloutit tout frêle esquif ;
Que jamais sur toi ne passe
Le souffle du vice oisif. —

Voici l'heure où sur sa tête
Brunetta met son fardeau,
Pour reprendre, satisfaite,
Le chemin de son hameau.

Ses bras qu'ensemble elle lève,
Anses d'un vase divin,
Trahissent les pommes d'Ève
Malgré le rempart de lin.

Tout est, serviettes et nappe,
Sec, plié, d'un blanc de lait;...
La nymphe à la vue échappe
Au détour de la forêt.

Déjà l'ombre du soir estompe les feuillées,
Une étoile s'avive au fond du firmament,
Et d'obscures vapeurs les vagues habillées
Dans les rochers brunis courent moins follement.

Foix, juillet 1866.

XXXII

LE DÉPART

Rapidement elle s'avance,
L'heure pénible du départ.
Salut ! berceau de mon enfance,
En vain j'attache mes regards
A ces crêtes, à ces vallées
De tant de souvenirs peuplées :
Il faut m'arracher de ce lieu.
Courage ! ô mon âme navrée,
Pour le malheur n'es-tu pas née ?
Nul ne peut fuir sa destinée.
Mère, pays, amour,... adieu !

Adieu, ma mère tant chérie,
Résigne-toi, sèche tes pleurs,

Une voix d'en haut me convie
Aux sacrifices des grands cœurs.
Quand Dieu pour soldat me réclame,
Ne pas marcher serait infâme.
Oh! ne tressaille pas d'effroi,
Mère, si dans tes nuits cruelles
Frémissaient d'invisibles ailes,
Car souvent, tendres et fidèles,
Mes pensers planeront sur toi.

Adieu, vous, roches immuables,
Grottes, torrents, noires forêts;
Il est des sorts inéluctables:
Tout consumé d'amers regrets
Je te quitte, ô terre natale!
Ah! sur quelque plage fatale
Que me jettent les aquilons,
N'oubliez pas, ô Pyrénées,
Celui qui, pauvre encor d'années,
Chantait vos cimes festonnées
Et la fraîcheur de vos vallons.

O la plus belle des maîtresses!
Il part, l'amant que tant de fois

LE DÉPART

Tu dévoras de tes caresses.
Quelle harmonie hors de ta voix ?
Quels parfums hors de ton haleine ?
Adieu pourtant, ma jeune reine.
Vierge au nom doux comme le miel,
Bruyère éclose en mes montagnes,
Tant que du rempart des Espagnes
Le roi des célestes campagnes
Dorera le front éternel,

Ainsi que Béatrix et Laure
Tu peux du temps braver l'effort ;
Une dernière étreinte encore,
Puis... hélas ! le froid de la mort...
Mais dépouillons toute faiblesse :
Byron sut mourir pour la Grèce,
Je vais où me pousse mon Dieu ;
Que sa volonté soit bénie,
Pour le peuple il fit le génie :
Muse, au gibet la tyrannie !
Mère, pays, amour... adieu ! ! !

Foix, juillet 1875.

XXXIII

VOYAGE DANS LES TEMPS

Une nacelle, deux nacelles :
    Les mers !
Une aile, deux, quatre, six ailes :
    Les airs !

Crime au trône, vertu honnie,
    Ce coin
M'est odieux ; Muse bénie,
    Au loin

Emporte-moi ;... plus loin encore,
    Franchis
Les portes roses de l'aurore,
    Et puis,

Par delà la nappe éthérée,
  En feu,
Vogue, vole, ô mon adorée,
  Vers Dieu. —

Après de nombreux bonds sublimes
  Sans frein,
Ma Muse au fond des bleus abîmes,
  Enfin,

Loin du présent à face noire,
  Cruel,
S'arrêta sur un promontoire
  Duquel

Mes regards, que votre aspect blesse,
  Tyrans,
Traversaient la muraille épaisse
  Des temps.

Dans les gouffres qu'ils parcourent
  Je vis
Un spectacle dont mes yeux furent
  Ravis.

Sous le bec des colombes l'aigle
> Râlait,
Et la Paix sur le champ de seigle
> Planait.

Et ma Muse à la voix profonde
> Me dit :
« Cette sphère qui, gaie et blonde,
> « Sourit,

« C'est, enfant, ce que ta planète
> « Sera
« Quand la populaire tempête
> « Aura,

« Décuplant de ses ires sombres
> « Les feux,
« Foudroyé prêtres et ricômbres,
> « Vils gueux !

« Plus de vaine et menteuse altesse
> « Debout ;
« Le travail seul fait la noblesse,
> « Partout

« Le travailleur est gentilhomme ;
    « Oh ! c'est
« De Jésus-Christ le doux royaume
    « Qui naît.

« On a fracassé tout vieux meuble,
    « Le droit
« A jugulé l'abus, le peuple
    « Est roi.

« Fallût-il payer ton audace
    « Des fers,
« Oh ! que l'avenir ait pour glace
    « Tes vers.

« Consacre aux classes enchaînées
    « Ton luth,
« Fais-leur voir de leurs destinées
    « Le but.

« Sois le fanal qui les éclaire,
    « Dis-leur
« De marcher vers la nouvelle ère
    « Sans peur.

« Pour l'Égalité, ton beau rêve,
 « Combats ;
« La nuit meurt, et l'aube se lève
 « Là-bas ! » —

— Muse, prépare ta mitraille,
 Allons,
Ne crains pas que mon cœur défaille,
 Partons.

Une nacelle, deux nacelles :
 Les mers !
Une aile, deux, quatre, six ailes :
 Les airs !

Foix, décembre 1866.

XXXIV

LE CHARBONNIER

CONTE-BALLADE

> « .... C'est beaucoup que d'essayer ce style
> Tant oublié, qui fut jadis si doux,
> Et qu'aujourd'hui l'on croit facile. »
> A. DE MUSSET. *Poésies nouvelles.*

Si par hasard dans la forêt prochaine
Vous attirait un Robin tentateur,
Et que vers vous vînt un homme d'ébène,
N'ayez, enfants, n'ayez pas peur.

I

Un jour, étant d'humeur rêveuse et sombre,
Je m'enfonçai seul dans le vaste bois ;

La fraîcheur, le silence et l'ombre
M'enveloppèrent à la fois.
Nul Alhambra ne vaut l'architecture
De ce temple de la nature.
Comment vous raconter les choses que je vis ?
Des impénétrables taillis,
D'immenses troncs aussi vieux que la terre,
Majestueux piliers de cette voûte austère,
Comme des cuisses de Titans
Se dressent, tout chargés de la mousse des temps.
Dans le ravin profond où chante une cascade
Le Faune pétulant guette l'Hamadryade.
Zéphyre se balance au hamac des rameaux.
Avancez, vous voilà dans la nuit des tombeaux ;
Nul sentier conducteur, nulle route tracée,
Mais partout le mystère ;... est-ce un séjour de fée,
Est-ce l'empire de la Mort?
A tout pas une obscure allée
Que croise un sombre corridor.
Avancez, avancez encor.
De loin en loin, glissant dans l'épaisse feuillée,
Phébus furtivement ouvre un éventail d'or ;
Et des nids, où la mère abecque sa couvée,
L'oreille entend, émerveillée,

Palpiter la sainte rumeur.

— N'ayez, enfants, n'ayez pas peur. —

II

Longtemps dans la forêt de chênes
Je me promenai vaguement ;
Des arbres la magie avait chassé mes peines,
Et mon âme à longs traits buvait l'enchantement.
Mais il fallut enfin songer à la retraite.
Pour quitter la forêt ténébreuse et muette,
D'un hallier en forme de bête
Je m'éloigne en marchant toujours droit devant moi,
Comme le Juif-Errant qui jamais ne s'arrête.
Je ne suis pas poltron (ma jeunesse en fait foi),
Et j'allais bravement par fourré, par clairière ;
Mais un vertigineux effroi
Sur ma nuque posa bientôt sa main de pierre,
Et vous allez savoir pourquoi :
Sitôt que je croyais atteindre la lisière,
Et du bleu firmament revoir le brillant roi,
L'âme transie et stupéfaite,
Je retombais au même endroit,

Au hallier en forme de bête.

— N'ayez, enfants, n'ayez pas peur. —

III

Dans la sombre forêt déserte,
Mes chers enfants, je décrivis
Mille zigzags en pure perte,
Lorsque à la fin je découvris
Un bleu panache de fumée
Qui s'échappait joyeux dans l'air
D'une cabane de ramée
Construite sur un sol d'enfer.
Mon cœur ému faisait dans ma poitrine
Le bruit d'une roue à tympan ;
J'aurais rompu jadis une bande mutine,
Mais l'âge au front m'a mis un diadème blanc.
A peine eus-je invoqué l'assistance divine,
Par l'intercession de mon patron saint Jean,
Que la porte de la chaumine
S'entr'ouvrit pour laisser passer un noir brigand.

— N'ayez, enfants, n'ayez pas peur. —

IV

Il porte à son pied l'espardille,
L'espardille du galérien,
Et son torse cyclopéen
Apparaît sous sa souquenille,
Brun, bosselé, large et velu ;
Moïse ainsi peint Esaü.
Coiffé d'un mauvais chapeau-cloche,
Comme les vielleux piémontais,
Il part, emportant une pioche.
Mais, Dieu du ciel !... je me trompais :
C'est une hache qu'il manie ;
Pour quel affreux meurtre part-il ?
Protégez-moi, Vierge Marie,
Protégez-moi, je vous en prie ;
Au nom du Père,... Ainsi soit-il !

— N'ayez, enfants, n'ayez pas peur. —

V

Il s'arrête et mesure un grand chêne de l'œil ;
   Au tronc son bras comme un lierre s'attache,

Il grimpe, rapide écureuil.
Sous les coups répétés de sa terrible hache
Chaque branche qui se détache
Rend le fracas des vagues sur l'écueil.
Longtemps, avide de ravage,
Resta là-haut l'homme sauvage.
Quand il redescendit enfin
Je devins aussi froid qu'un marbre,
Croyant qu'il avait le dessein
De me traiter ainsi que l'arbre,
Et que c'était un assassin.

— N'ayez, enfants, n'ayez pas peur. —

VI

Dans l'abattis, sans prendre haleine
Il se démène
Comme une sorcière à ses pots,
Et, d'un bras musculeux tirant de sa ceinture
Sa francisque de dix kilos,
Il dépouille les forts rameaux
Des brindilles portant verdure,

Puis les divise et fait des tas
De fémurs et de tibias.
Derrière un rideau touffu d'aunes
Caché, je le vis empiler
Par cubes, cylindres et cônes,
Le bois qu'il venait de couper.
J'observais l'homme de mystère,
Ignorant ce qu'il voulait faire ;
Il était âpre à son labeur.

— N'ayez, enfants, n'ayez pas peur. —

VII

Sans doute de ces lieux que voilà le Génie,
Me dis-je, et quand s'égare un pauvre pèlerin,
S'il achète un bourdon il lui laisse la vie
    Et le remet dans son chemin.
Hélas ! fragile espoir ! décevante pensée !
Je rêvais de salut, lorsque, l'âme atterrée
    Et pâle comme un mort,
Je le vois qui, l'œil fier, la démarche assurée,
    A sa tanière de ramée

Retourne ; il entre et ressort
En agitant une torche enflammée.

— N'ayez, enfants, n'ayez pas peur.

VIII

Il s'enfourne avec son brandon
Dans la gueule d'un mamelon ;
Sinistre soupirail gorgé de nuit mortelle,
Par lequel il descend sans doute chez Pluton
Pour aller attiser la fournaise éternelle
Où se tord en hurlant la milice rebelle.
La crépitation des membres calcinés
Émane sourdement du trou cabalistique.
Il reparaît enfin le bourreau des damnés
Et, ses regards à l'Averne attachés,
Il va s'asseoir sur une roche antique.
D'une atroce gaîté la face du démon
Rayonna dès qu'il vit la meule colossale
Suer par chaque pore une brume infernale,
Et d'une voix de baryton
Il entonna cette chanson :

— N'ayez, enfants, n'ayez pas peur. —

— « Jean bénira la Providence
« Tant qu'à Jean elle laissera
« Sa santé, son indépendance,
« Sa forêt et sa Zingara.

« Bien avant que l'aube s'allume,
« La cabane du charbonnier
« Sous son dôme de chênes fume,
« Car matineux est l'ouvrier.

« Pour les palais, l'or et la soie
« Je ne changerais pas mon sort;
« Mon travail produit pain et joie,
« Ma compagne est un vrai trésor.

« Elle est belle à rendre jalouse
« Les plus gentes filles de rois,
« La fraîche fleur de mes pelouses,
« L'humble gazelle de mes bois.

« Elle brille plus sous la serge
« Que tant d'autres sous le satin,
« On chercherait loin une vierge
« D'un œil si noir, d'un si doux sein.

« Solitude, aux vains bruits du monde,
« Aux clameurs viles des cités
« Je préfère ta voix profonde :
« Soupire, brise, oiseaux, chantez.

« Jean bénira la Providence
« Tant qu'à Jean elle laissera
« Sa santé, son indépendance,
« Sa forêt et sa Zingara. » —

IX

De ce chant le doux rhythme et la philosophie
      Chassant de mon cœur
          La peur,
Y firent par degrés entrer la sympathie.
Je sortis du taillis où je m'étais caché.
Au frou-frou que je fis en écartant les branches
      Se tourna l'homme basané.
Sans doute qu'en voyant mes longues mèches blanches
Il pensa que j'étais l'ombre de ce Noé
Qui, comme vous savez, enfants, sur la grande arche
Se sauva seul jadis quand tout fut submergé;

Car, s'inclinant : « Salut, me dit-il, patriarche,
« Charmé par le concert des brises et des nids,
« Peut-être, saint vieillard, as-tu perdu ta voie ;
« Je te reconduirai par les sentiers fleuris,
« Mais viens te reposer avant dans mon logis.
« Ma cabane n'est pas un Louvre où tout flamboie,
« Je suis pauvre ; pourtant, crois-le bien, pour mon cœur
  « C'est, vieillard, une douce joie
  « D'offrir ma table au promeneur. » —

X

L'évangélique abord du fils de la chaumière
  Me remua profondément.
J'accepte avec plaisir ton offre hospitalière,
Lui dis-je tout ému, mais quel événement
  T'a conduit dans ce bois austère
  Et fait adopter ce métier ?
Parle, et prête ton bras à ma force épuisée ;
Depuis ce matin j'erre, ouvrant mainte hardée,
  Et je sens mes genoux plier.
— Si je puis me fier, enfants, à ma mémoire,
  Voici comment le charbonnier,
  Chemin faisant, me conta son histoire :

XI

— « Dans un château des environs,
« Quand elle était fille, ma mère
« En qualité de cuisinière
« Servait, et fraises et melons
« Prospéraient dans le parc par les soins de mon père.
« De Rose (Dieu la comble au céleste séjour!)
« Les jeunes attraits l'enflammèrent.
« Il lui fit tendrement sa cour,
« De s'épouser ils se jurèrent
« Et convinrent même du jour.
« Rien ne vint refroidir leur flamme mutuelle.
« Mais le temps vole : un beau matin
« On entendit tin! tin! tin! tin!...
« Au sacrement la cloche appelle ;
« Du vicomte la damoiselle
« Elle-même orne la chapelle
« Et va presser son chapelain.
« A la messe du mariage
« Se rendit tout le bourg voisin.
« Après le sacrifice saint :
— « Nous partons pour monter ménage,

« Dit l'humble couple au châtelain ;
« Peu ventrue est notre sacoche,
« Mais, quand on est vaillant de cœur,
« L'aliment est dans une pioche,
« Le ciel aide le travailleur. » —
« Et du seigneurial asile
« Par l'avenue et le ravin
« Ils descendirent vers la ville
« Que du castel on voit dans le lointain
« Sous la verdure qui la noie.
« La maisonnette du faubourg
« Fut quelque temps un nid de joie ;
« Mon père entretenait tous les clos d'alentour.
« Mais du bonheur le règne est court :
« Le dévorant trépas en avait fait sa proie,
« Que je n'avais point vu le jour.
« Sans murmurer ma pauvre mère enceinte
« Supporta de son deuil la sépulcrale étreinte.
« Un ou deux mois plus tard, d'un fils elle accoucha,
« La pauvre veuve moribonde ;
« Mon œil de séraphin à ce pénible monde,
« Si vide, hélas ! la rattacha.
« Mais du soleil de la gaîté première
« La vive et limpide lumière

« Ne dora plus le sombre seuil ;
« Le berceau ne put faire oublier le cercueil.
« De l'âpre dénûment nous machâmes l'écorce ;
« La santé lui manquait, et moi j'étais sans force.
« Un sombre et rigoureux combat
« Contre le désespoir et contre la misère
« La mit enfin sur le grabat.
« Et lorsque se durcit la terre
« Au souffle glacé des hivers,
« Mon Dieu, conservez-moi ma mère,
« Criais-je au Dieu de l'univers ;
« Et, transi, pour les bois déserts,
« A mon réveil comme une flèche
« Je m'esquivais, dans le dessein
« D'aller glaner la branche sèche,
« Et j'espérais ; mais un matin,
« Un matin, en ouvrant la porte...,
« Et quoi, mon Dieu !... suis-je orphelin ?...
« Oui, morte ! morte ! morte ! morte !!! »
— Enfants, à ces lugubres mots
Le charbonnier se tut, étouffé de sanglots. —
« Ah ! si la douleur brisait l'homme,
« Reprit-il un moment après,
« Depuis longtemps je dormirais du somme

« Que l'on goûte sous les cyprès !
« J'avais dix ans, je grandis sans personne
« Que celui qui sur mer guide les alcyons,
« Assaisonnant le pain sec de l'aumône
« Avec les mûres des buissons.
« L'hiver je couchais dans les granges,
« A la belle étoile l'été ;
« En rêve je voyais ma mère avec les anges.
« Sans doute que j'avais un air d'honnêteté,
  « Car maintes fois je fus sollicité
    « Par les maîtres de l'opulence
« A quitter les haillons de la mendicité
    « Pour la veste rouge-garance ;
  « Mais une triste et tendre souvenance
« M'attirait vers les bois plus que vers la cité,
« Et je sus préférer, dans mon insouciance,
    « Aux biscuits de la dépendance
    « Le brouet de la liberté.
« Je m'arrête : déjà le rossignol soupire ;
« Tu devines, vieillard, ce qu'il me reste à dire. » —
    — C'est ainsi que le charbonnier
    M'entretint le long du sentier.
Dans ma narration je n'ai pas su remettre
    Ce frais parfum de sentiment

De la nature ; j'ai peut-être
Été moins incorrect, mais il fut plus touchant.

XII

Vous que toujours a bercés la fortune,
Vous pour qui le regard du sort
A la sérénité calme d'un clair de lune,
Vous, mes enfants, qui vivez sans effort ;
Sur la mer du besoin, qu'agite une âpre bise,
Vous qui n'avez jamais d'un bras désespéré
Lutté dans un esquif contre la lame grise
Qui, morne et hurlante, se brise
Aux flancs d'un récif abhorré... ;
Oh ! vous ne pouvez pas savoir combien sublime
Est la vertu sous les haillons,
Combien aux yeux de Dieu haïssable est le crime
De n'envelopper pas d'une amoureuse estime
Les faméliques bataillons
Des vaillants travailleurs du soc et de la lime
Qui tous les jours penchent leurs nobles fronts
Sur l'enclume ou sur les sillons !
Du hideux préjugé les morbides haleines
Déssèchent la société ;

Mais à l'aspect des champs et des célestes plaines,
De l'orgueil les herbes hautaines
Font place aux fraîches fleurs de la Fraternité.
Des parchemins, une escarcelle
Ne doivent point enfler le cœur :
Tout ça n'est rien pour le Seigneur.
A l'oisif endormi dans sa riche nacelle
Il préfère un hardi pêcheur ;
Le vrai duc de l'ère nouvelle,
Ce sera l'homme de labeur. —

XIII

Nous avions atteint la cabane ;
Non loin dans le gazon paissait un bardeau noir ;
A son hennissement, du sylvestre manoir
La porte lentement s'ouvrit, et je crus voir
Une lumineuse Diane
Dont se fût inspiré le pinceau de l'Albane.
C'est la nymphe de la chanson.
Sa bouche est une fleur de grenade en bouton,
Un cœur de corail humide ;
Sur sa joue à fossette un incarnat limpide
Rehausse une peau d'un brun clair ;

De Phidias son corps aurait fait le supplice,
    Pour les cheveux c'est une Bérénice,
        Son œil de jais darde un éclair.
        Si j'avais un luth homérique
    Je décrirais ici le rustique repas ;
        Le luxe n'y présida pas,
        Mais l'expansive joie antique
          Fille de la simplicité.
Heureux les temps où, le banquet cénique
        Plus largement interprété
Que par une prêtraille obscurante et mystique,
        Tous les flots de ta mer épique,
        O radieuse Humanité,
        Sous le ciel de la République
        S'aplaniront en miroir enchanté !

XIV

Enfants, pardon : souvent mon âme vagabonde
Monte, en dépit des ans, de la cave au grenier ;
Pardon si du souper d'un pauvre charbonnier,
        D'un saut je passe au sort du monde.
        Quand nous eûmes chassé la faim,

Je pris ma canne de vieillesse
Et dis bonjour à mon aimable hôtesse ;
Elle resta, mais l'époux vint.
Seul, j'aurais mille fois perdu le vrai chemin
Dans ce sombre réseau d'arcades recueillies
Comme les nefs des mornes abbayes.
Nul bruit ne s'élevait aux cintres noirs du bois
Que celui de nos pas et celui de nos voix.
Une douce vapeur de croissante lumière
Autour de nous se répandit enfin ;
Il me quitta sur la lisière
Après un serrement de main.

XV

Lorsque dans la forêt j'entrai, c'était l'aurore,
Et lorsque j'en sortis, enfants, c'était le soir :
Le ciel occidental flambait, splendide à voir ;
Mais sans le bon charbonnier noir
Peut-être y vaguerais-je encore.
Oh ! comme l'univers me parut radieux !
Dans ces vallons chéris des dieux,
Le paysage est doux et pensif à cette heure

Où l'ardent soleil vient de quitter l'horizon :
Quelques troncs embrasés, rouges comme un tison,
Se détachent du bord sur l'ombre intérieure ;
Les bruits vont s'éteignant, tout rêve et rien ne dort ;
    Sur la cime du bois antique
    Flotte une gaze romantique
    De vermillon nuancé d'or,
Et le bleu martinet bat du bout de son aile
Un calme lac moiré dont la nappe étincelle.

ENVOI

Lectrice ou lecteur, si mon conte
Nu de cadence et d'ornement
Vous a distrait un seul moment,
Sans embarras ni fausse honte
Avouez-le tout franchement.
De peur de passer pour tudesque
Quiconque bâillera d'ennui
Dans cette course boscaresque,
N'est qu'un petit fat pédantesque,
Et la nature est morte en lui.
Moi, vain rimailleur, j'eus un père

Savant, profond, spirituel,
Qui s'oubliait une heure entière
Aux farces de Polichinel.
Ma muse ne s'est point drapée,
Mais souvent la mieux attifée
N'est par dessous qu'une poupée
En peau cuite, de son bourrée.
Je laisse aux auteurs charlatans
Le soin de se battre les flancs
Et de crier pour ne rien dire;
Il n'est au monde chose pire
Que ces Virgiles aux abois,
Ruoltz qui comme argent veut luire.
A mon gré maître de ma voix,
Quand il faut être sans délire
Dans son étui je mets ma lyre
Et je réveille mon hautbois,

Foix, septembre 1865.

XXXV

UNE NUIT EN DILIGENCE

Jamais je n'oublierai mon émerveillement.
La terre était obscure et clair le firmament;
Comme une pomme d'or dans la bleue étendue
La lune souriait près d'une blanche nue ;
L'esprit furtif des airs par instant effleurait
Des arbres recueillis le feuillage muet :
Les nuits de mon pays sous leur mante étoilée
Ont de mystérieux frémissements d'amour.
Rêveur, je promenais mon regard tour à tour
Des fantastiques plis de la sombre vallée
Au sable lumineux des célestes plafonds,
Et cherchais à saisir d'une oreille attentive
Ce qu'à ses bords disait la rivière plaintive,
Et la voûte sereine à la crête des monts :

Ravissant concerto de brises et de vagues,
Auquel se confondaient mille murmures vagues,
Sans compter l'aigre fouet, le pas des lourds chevaux,
Les soupirs des ressorts, le grondement des roues
Et le frais tintement des sonores grelots.
— Qu'un plus habile ici trouve une rime en *oues*. —

LETTRE DE GEORGE SAND

EN RÉPONSE A L'ENVOI DE LA PIÈCE SUIVANTE ET D'UNE
AUTRE PIÈCE ÉLIMINÉE DE CE VOLUME

Monsieur, puisque à tant d'élan et de vigueur dans l'esprit vous joignez tant de douceur et de modestie, j'irai jusqu'au bout de ma franchise : je vous dirai : attendez encore pour vous faire connaître, vous êtes si jeune! — Et pourtant ceci est mon sentiment personnel, et il me vient des scrupules en lisant les deux pièces que vous m'envoyez. Il me semble qu'elles ont une réelle valeur. Tenez, allez voir un vrai maître, Théophile Gautier. Allez-y de ma part, avec ma lettre. Il est bon comme ceux qui sont forts. Il vous donnera un vrai bon conseil. Vous êtes discret, vous ne lui prendrez que le temps qu'il pourra vous donner, et vous avez le cœur droit, cela j'en suis sûre : vous profiterez de ce qu'il vous dira. Moi j'ignore absolument comment on s'y prend pour publier des morceaux détachés.

Il vous renseignera à cet égard en deux mots, et s'il vous dit comme moi « c'est trop tôt », croyez-le avec la même aménité que vous me témoignez.

GEORGE SAND.

Nohant, 10 août 1867.

XXXVI

LA DEMOISELLE

Je suis brillante et légère
    Messagère
    Du printemps,
Jamais je ne me repose,
Je cours du lys à la rose
Et je rase les étangs.

Je suis très-aventureuse,
    Courageuse
    Dans l'éther
Avec le zéphyr je lutte,
Et souvent je me dispute
Avec les sylphes de l'air.

Je suis fille de l'aurore
  Et j'adore
  Le grand jour,
Je tremble dans la nuit sombre
Qu'un lutin caché dans l'ombre
Ne m'enlève avec amour.

Un instant je me balance
  En silence
  Sur les eaux,
Puis l'on entend quand je vole
Mon aile en passant qui frôle
Les rubans verts des roseaux.

Ma vie errante se passe
  Dans l'espace.
  Point de nid.
Par les prés qu'avril décore,
Loin! plus loin! plus loin encore :
Mon domaine est l'infini.

Et si — petit trouble-fête,
  Blonde tête —
  Quelque enfant

Me poursuit;... vive et rapide,
J'échappe au filet perfide
Par un écart triomphant.

Enfin, après mille rondes
    Vagabondes,
      Vient le soir ;
Lors, une fleur jusqu'à l'aube
Me reçoit et me dérobe
Dans son mobile encensoir.

Je suis brillante et légère
    Messagère
      Du printemps,
Jamais je ne me repose,
Je cours du lys à la rose
Et je rase les étangs.

Août 1860.

XXXVII

UNE VISITE CHEZ THÉOPHILE GAUTIER

—

Après une âpre nuit sans somme,
Je résolus, un beau matin,
D'aller voir si j'étais grand homme
Chez Gautier qui n'est point hautain.

George (*) m'avait dit : « Théophile
« Possède la bonté du fort. »
— Mais j'adjurais le temps qui file
De différer l'instant de mort ;

Car loin de l'imposante rive
Tel qui prenait un air fendant,
Préférerait, quand l'heure arrive,
Se faire arracher une dent.

(*) George Sand.

Heine au seuil du Zeus germanique
Pris d'un tremblement imprévu
Et d'une soudaine panique,
S'en retourna sans l'avoir vu.

Cependant depuis plus d'une heure
L'omnibus roulait vers Neuilly;
Longchamps,... 30!... c'est la demeure,...
Ciel! comment vais-je être accueilli?

Je sonne,... un pas vient qui m'égorge;
— Monsieur Gautier? — De quelle part?
— Je donne la lettre de George,
La soubrette la prend et part.

Elle revient : « Que monsieur veuille
« Prendre la peine de passer. »
— En la suivant je me recueille,
Sans souffle, et près de trépasser.

Comme une feuille sous la brise
Je frissonnais très-absorbé,
Quand, au lieu d'une barbe grise,
Une vive et piquante Hébé,

Non rose et blanche, mais dorée
Comme les vierges de Cadix,
Surgit, et sa voix adorée
Parle ainsi : « C'est de huit à dix,

« Monsieur, que dans la matinée
« Papa pourra vous recevoir :
« Il est absent dans la journée
« Et ne rentre jamais qu'au soir. »

Elle dit, et de mon beau zèle
La truble, hélas ! pour tout fretin
Pêcha ces mots : « Mademoiselle,
« Je reviendrai demain matin. »

Fils de Jean-Jacques, le poète
Doit à l'esprit faire la croix ;
Puis, Éros, qui rend un peu bête,
Venait de me pincer, je crois.

Ah ! que cela ne vous étonne :
Figurez-vous ce lys vermeil,
Brûlant avril couleur d'automne,
Ambre et corail, chair de soleil !

Que te faut-il, charmante Estelle,
Pour allumer nos jeunes vœux ?
Ni bijoux, ni fleurs, ni dentelle :
Ton peignoir blanc, tes noirs cheveux.

Tes noirs cheveux aux libres ondes
Où l'on se noierait éperdu,
Où de l'écaille les dents blondes
N'ont peut-être jamais mordu.

Un frais peignoir de toile blanche
Descendant du col aux talons
Modelait à demi sa hanche,
Oh ! le blanc peignoir aux plis longs !

Le sein aussi, mort de mon âme !
Fixa mon œil au mal enclin ;
O molles rondeurs de la femme !
O fortuné tissu de lin !

C'est ainsi qu'on se représente
La druidesse Velléda ;
Au fond de moi, vierge agaçante,
Comme le cygne de Léda

Tous mes désirs battaient de l'aile
En secret devant ta beauté;
O toilette bien plus cruelle
Qu'une complète nudité!

Jamais Indiennes dans leurs pagnes
N'auront, jamais elle n'aura,
La beauté-reine des Espagnes,
L'attrait de cette senora.

Teint mat et chaud, deux escarboucles;
Elle était ravissante à voir
Sous sa mante de brunes boucles
Ondulant sur le blanc peignoir.

Croyez-le-ou non, c'est de l'histoire :
Chez le maître du pur contour
J'étais allé rêvant de gloire,
Mais m'en revins rêvant d'amour.

Le lendemain, à l'heure dite,
Au même seuil je resonnais,
Pressant sur mon cœur qui palpite
Une élégie et deux sonnets.

La nymphe à la jube opulente,
L'arrière-fille d'Apollon
M'ouvrit et, suavement lente,
M'introduisit dans le salon.

« Attendez un peu, me dit-elle,
« Mon père est dans son bain encor. »
— Étreint d'une angoisse mortelle,
Je m'incline;... mais quel décor !

Par Allah ! serais-je en Asie ?
Livres épars, tableaux, dessins,
Pipes, sabres de fantaisie ;
Trois chats dormaient sur les coussins.

Dans la verdure ensoleillée
Du parc mon œil pouvait plonger,
Mais la porte est entrebâillée,
Et là, dans la salle à manger

Estelle cause, rit et joue
Avec un mandarin chinois :
Œil en virgule et jaune joue
A la pommette en casse-noix.

Lorsqu'un Ris, invisible abeille,
Ouvre sa bouche en voltigeant,
Elle est au fuchsia pareille :
Halo de pourpre et cœur d'argent.

Cependant, d'un pied en pantoufle
S'approche le pas mat et sourd ;
Pour le coup, je n'ai plus de souffle,
Anges du ciel, priez pour ....

— « C'est vous dont me parle madame
Sand ? „ — Modestement je réponds.
Dans ses culottes une femme
Aurait pu tailler trois jupons.

Chevelure longue d'un mètre
Et riche barbe à l'avenant :
Je crus voir, lorsqu'entra le maître,
Clodion en Turc revenant.

Gautier me lut, puis, sympathique
Et sans me marchander les mots,
Me développa l'esthétique
Du dernier de ses fins *Émaux*.

Rien n'est mou comme un vers d'Alphonse*,
Alfred ** rime à grands coups d'angon;
L'un vieillit, s'enfonce, s'enfonce,
L'autre est un mauvais parangon.

De Gautier la moindre parole
Pour moi valait tout un écrin;
J'eusse pourtant changé de rôle
Avec le jaune mandarin.

Quel océan que le mot *aime!*
De lui vient tout ce qu'on rêva!
La femme c'est le grand poème,
Le grand barde, c'est Jéhovah.

Cette pièce est trop délayée;
Vous qui la froissez sous vos doigts,
Par mes vers lectrice ennuyée,
Apprenez, hélas! que je dois,

Pour transformer leur molle argile
En Paros aux contours précis,
En fabriquer encore mille
Multipliés par cinq ou six.

(*) Lamartine. — (**) Musset.

Point ne suis délicat artiste,
Et jamais je ne parviendrai
A sertir l'aigue ou l'améthiste
Sur un émail d'or encadré.

Sauvage, inculte, hérissée
Comme mes forêts et mes rocs,
Ma Muse veut que ma pensée
Sans art jaillisse en frustes blocs.

Hamadryade de l'abîme,
Fière nymphe du pic abrupt,
Elle ne vibre qu'au sublime,
L'exquis ne la met point en rut.

O Gautier, gauche prosélyte,
Jamais je ne pourrai monter
Au savant Olympe d'élite
Dont vous êtes le Jupiter.

Comment, à moins d'être Leconte
Qui tant apprit, lima, tria,
De l'us ne tenant aucun compte,
Oser avec maëstria

Restaurer les mots des vieux rites,
Au lieu de Temps dire Chronos,
Appeler les Grâces Chârites,
Et le firmament Ouranos?

Et pourtant toutes ces merveilles
Un autre a su les effacer;
O gloire où mille et mille veilles
Ne pourraient jamais me hisser!

Quand les foules étaient blasées,
Lui seul a découvert le *hic*,
Par ses pétards et ses fusées,
De captiver l'esprit public.

Mais toi, ma Muse sans malice,
Un peu niaise auprès d'Arlequin,
Tes pieds nus seraient au supplice
Dans la prison du brodequin.

Au pape il faut laisser les bulles,
A l'oiseleur gluaux et rets,
Les tours de force aux funambules ;...
Toi, contente de tes forêts,

Ne va pas quitter pour la ville
Les bois où chante le coucou :
Sur les ficelles de Banville
Tu te romprais bientôt le cou.

Maigre époque de décadence !
Peu d'âme et beaucoup de dessin ;
Le dernier criquet entre en danse,
Rien de robuste, rien de sain.

Un grand savoir, je vous l'accorde,
Mais fièvre et morbidesse, hélas !
Banville saute sur la corde,
Et Baudelaire... hélas ! hélas !

Et combien de poussives cliques
Pour un talent primesautier !
Pour tes rubis que de véricles,
O parfait et gentil Gautier !

Nous ne créons rien ; en revanche,
Le moindre, se battant les flancs,
Blague sur l'Art, branche par branche,
Avec de grands mots bien ronflants.

Du faible ventre de la mère
A peine un avorton sort-il,
Qu'il connaît chaque école ;... Homère
Était, je gage, moins subtil.

Franchement tout cela m'écœure
Et je sens, comme un flot d'égout,
En mon sein monter d'heure en heure
Le suprême et morne dégoût.

Lors renonçant à toute phrase,
A tout livre disant adieu,
Je refoulerai mon extase,
Muet devant l'œuvre de Dieu

Ah ! même vous les plus habiles,
Peintre, aède ou musicien,
Que pesez-vous hommes débiles ?
Que sont vos chants auprès du sien ?

Oui, par cette aube radieuse,
Ce frais printemps où rien ne dort,
Par sa chevelure soyeuse,
Par son gai rire au timbre d'or,

Mon âme éblouie et charmée
Trouve que ta fille à l'œil noir
Est ton plus merveilleux camée.
— O les longs plis du blanc peignoir !

Paris, septembre 1867.

XXXVIII

SONNET

Heureux ! celui qui va de la femme à la femme
Comme le papillon de la fleur à la fleur,
Et ne cherche pas plus l'inextinguible flamme,
Que l'insecte léger l'inépuisable odeur.

Ne me demandez point une joyeuse gamme,
Plus de chansons : mon vers ne peut être qu'un pleur;
Frêle bois de roseaux sous la bise, mon âme
S'incline en exhalant sa plaintive douleur.

Les roses de l'Éden étaient dans son sourire,
Ses yeux étaient mon ciel ; ô martyre ! ô martyre !
Je me croyais un roi parmi les demi-dieux,

Et je ne voyais pas que j'étreignais une onde !
O mirages enfuis ! nuit cruelle et profonde,
Après les doux rayons du matin radieux !

Février 1866.

XXXIX

SONNET

Le malheureux génie en ta puissance, ô femme!
Est le jouet fragile aux mains d'un jeune enfant.
Légère et sans remords, maîtresse de mon âme,
Vas-tu briser son aile à l'essor triomphant?

Moi qui brûlais si bien de généreuse flamme!
Oubliant ce tombeau dont le souvenir fend
Mon cœur, vas-tu jeter (oh! ce serait infâme)
Dans le gouffre sans fond du chagrin étouffant

Celui qui t'adorait, celui qui t'aime encore?
Ah! si ton inconstance en nuit change l'aurore,
La foi sereine et forte en doute désolé;

Te pardonne du ciel la clémence profonde
De m'avoir, dérobant mon énergie au monde,
A tes pieds étendu, livide et mutilé!

Octobre 1867.

XL

SONNET

Hélas ! ils ont soufflé les vents de l'adultère,
Mon Éden radieux est flétri sans retour ;
Dans l'abîme infernal d'une nuit solitaire
Je devais expier les aubes de l'amour.

L'ange pur et chéri que consume la terre
Tressaille de pitié dans son morne séjour ;
Était-ce à toi de joindre à la fille le père ?
Idole de ma vie, ô mon unique jour !

Enfant, noir est ton cœur sous cette chair d'aurore,
Mais, quelque âpre douleur qui le brûle et dévore,
Le mien n'implore pas la vengeance de Dieu ;

Que le destin t'absolve, oublie et sois heureuse ;
A moi le désespoir, la mort, la fosse creuse...
Adieu, cruelle,... un long, tendre, éternel adieu !

2 novembre 1867.

XLI

PLANCTUS!

Au sein de l'espace sans bornes,
Flétri, chétif, désespéré,
Me voilà seul sous les cieux mornes,
Délaissé de l'être adoré.

La terre m'est un désert sombre,
Le firmament un affreux toit;
Plus d'élans... doute, inertie, ombre :
Mon courage vivait de toi.

Tes serments tombent en ruines;
Pourquoi de si fortes racines
Dans mon cœur, profond sol d'amour?
Puisque tu devais, ô cruelle,
Pour jurer une foi nouvelle
Les arracher toutes un jour !

Novembre 1867.

XLII

CRUAUTÉ INCONSCIENTE

Pour moi d'humeur câline et douce
Mais vrais tigre des lézards gris,
Mon matou, dont la robe est rousse,
Répond au nom de Mistigris.

Au jardin, quand le soleil darde
Ses feux, tapi comme un larron,
De mon vieux mur qui se lézarde
Il explore le chaperon.

De la pauvre petite bête,
Hélas ! bien à plaindre est le sort :
Avec patience il la guette,
Et la saisit dès qu'elle sort.

CRUAUTÉ INCONSCIENTE

Si, du moins, hâtant son martyre,
D'un coup de dent il la tuait !
Mais il l'écorche et se retire,
Puis la reprend comme un jouet.

L'instinct sans doute est un obstacle,
Il est cruel sans le savoir,
Puisqu'il s'amuse d'un spectacle
Qui me fait tant de mal à voir.

Ainsi de sa main délicate
L'enfant torture l'oisillon,
Du hanneton brise la patte
Et froisse l'aile au papillon.

Et toi, cause de ma détresse,
Astre brillant, suave fleur,
O ma belle et chère maîtresse
A qui je cache ma douleur ;

Tandis que tout bas il sanglote
Et pleure intérieurement,
Pour une insensible pelotte
Tu prends le cœur de ton amant.

Abjurant ta coquetterie,
Tu ne planterais pas ainsi
Dans cette chair endolorie
Les mille pointes du souci,

Si ton œil, folle jeune fille,
Ton œil, mon ciel et mon soleil,
Voyait perler sous chaque aiguille
Une goutte de sang vermeil !

Avril 1868.

XLIII

A UNE ÉTOILE

Tandis que je songe à celle
Dont me vient mon âpre ennui,
Au sein obscur de la nuit
N'es-tu rien qu'une étincelle ?

Non : comme nous emporté,
Frère de la terre immonde,
Tout point brillant est un monde
De l'espace illimité.

Blanche étoile aux lueurs roses,
Dans tes frais vallons d'argent,
Dis, le cœur est-il changeant?
L'hiver sèche-t-il les roses ?

Est-ce un amour au matin,
Quand ta scintillante grâce
S'avive? et quand Dieu l'efface,
Est-ce un amour qui s'éteint?

Décembre 1867.

XLIV

LE GLAS DE L'AMOUR !

—

La pauvre Orède a pour demeure
Fosse étroite et petit cercueil,
Mais l'ange vermeil que je pleure
Ne met pas seul mon être en deuil.

Elle n'a pas suivi sa fille
Sous le sol lourd, humide et froid ;
Sa gorge est blanche et son œil brille,
Mais elle est morte, croyez-moi.

Elle est morte la jeune mère,
Elle est plus morte que les morts
Et ne sent plus la pointe amère
Du repentir et des remords.

Nul nœud sacré, pas même l'ange
Dont l'âme habite le ciel pur;
Moins vile est la larve qui mange
Sa chair rose et ses yeux d'azur,

Que la sépulcrale vermine
De menteuse infidélité
Dont peut, sous une peau d'hermine,
Un sein de femme être infecté.

Hélas! comprends cet anathème,
Affreux cri d'angoisse échappé;
Du fond de mon enfer je t'aime,
Je t'aime encor, quoique trompé.

Mais aujourd'hui mon œil s'humecte,
Je souffre inconsolablement;
Tu ne tuerais pas un insecte,
Et tu poignardes ton amant!

Ton inconscience frivole,
Femme, est le pire tourmenteur.
N'étais-je pas, ô mon idole,
Le plus fervent adorateur?

Ma Muse a mis sur ta mémoire
La riche mante de ses vers ;
Les temps conserveront l'histoire
De ma joie et de mes revers.

Celui qui de douleur succombe,
Celui dont ta légèreté
Fait presque un hôte de la tombe,
T'envoie à l'immortalité.

D'autres savoureront tes charmes,
Mais c'est l'amant morne et pâli,
C'est mon extase et puis mes larmes
Qui te sauveront de l'oubli.

Car nul ne brûle de ma flamme,
Nul ne vibre de mon émoi ;
Car nul n'apportera mon âme,
Car j'étais un poète, moi.

Détourne-toi de ma détresse,
Sois heureuse dans d'autres bras ;
Première et dernière maîtresse,
Le poète n'oubliera pas.

J'irai par l'univers livide,
Rongé d'un souvenir vainqueur;
Dieu ne saurait combler le vide,
L'horrible vide de mon cœur.

La nuit aux mystérieux voiles,
Les monts pensifs, les vieilles tours
Dont le front dort dans les étoiles,
Me rappelleront nos amours.

Et lorsque l'ombre se dérobe
Aux flèches d'or du frais matin,
Les lueurs limpides de l'aube
Me peindront l'éclat de ton teint.

Partout ta chère image flotte,
Ta voix chante dans le zéphyr;
Plus rien de mon sein qui sanglote
Ne calmera le long soupir;

Plus rien de mes pensers moroses
Ne me distraira désormais :
Les violettes et les roses,
Avec toi je les respirais !

Adieu, vous qui fûtes ma fête,
Tendre et désolé j'offre à Dieu
Pour ta félicité parfaite
Les pleurs de mon martyre,... adieu!!

———

Enfant ravie à peine éclose,
Par toi cet hymne a commencé,
Que par toi cet hymne se close,
Doux petit ange trépassé!

Toi dont la bière a pris l'argile,
Tu vois, du haut du firmament,
Combien cette vie est fragile
Et sujette à l'égarement.

Tous les ans, lorsqu'au vent d'automne,
Tomberont les feuilles des bois,
J'irai suspendre une couronne,
Ma fille, aux branches de ta croix.

Alors si de l'ingrate amante
Mon cœur saignant maudit l'arrêt,
Éveille en lui l'humeur clémente
Du grand frère de Nazareth.

Pardonnons la rigueur cruelle
Du coup dont je reste abattu,
Et demandons au ciel pour elle
La sainte paix de la vertu !

Novembre 1867.

XLV

A LA MÈRE DE LA MORTE

Comment le cœur sans se briser
Peut-il donc souffrir de la sorte?
J'ai reçu ton dernier baiser,
    O mère de la morte !

Jamais le vent froid de l'oubli
De cette brûlure âpre et forte
Ne guérira mon front pâli,
    O mère de la morte !

Nos folles chimères d'amour
Ont fui, comme fuit la cohorte
Des songes d'or, quand vient le jour,
    O mère de la morte !

Ah! quels qu'aient été mes chagrins,
Ma douce âme n'ouvre la porte
Qu'aux souvenirs frais et sereins,
   O mère de la morte!

De ton pauvre amant abattu
La voix défaillante t'exhorte
A t'envelopper de vertu,
   O mère de la morte!

Malgré la distance et le temps
Une tombe partout m'escorte,
Deuil éternel de mon printemps,
   O mère de la morte!

Femme que tendrement j'aimais,
Loin de toi le destin m'emporte,
Mais mon cœur n'oubliera jamais
   La mère de la morte!

Mai 1868.

XLVI

RENAISSANCE

Heureux de fuir étables, bergeries,
Tels, quand d'avril pointent les bourgeons verts,
Sautant, bêlant, beuglant, mufles ouverts,
Moutons et bœufs partent pour les prairies,
Ainsi partez, mes folles rêveries,
      Bondis, mon vers !

Muse, découds ton linceul de tristesse,
Rejette au loin les stériles douleurs ;
De l'antre noir des morbides langueurs,
Libre et le front ceint d'antique jeunesse,
Avec tes sœurs de l'immortelle Grèce
      Vole aux lueurs.

Quittons enfin cet air où je succombe,
Fait pour la larve et les ténébrions,
Prends ton essor aux blondes régions,
Délivre-moi des serres de la tombe :
Je veux rouvrir mon aile, aigle ou colombe,
   Dans les rayons.

Trêve, ô ma Muse, à l'Élégie amère,
Laisse pour thème aux fils de l'âpre Nord
Le désespoir, l'agonie et la mort,
Et, l'œil tourné vers l'Hellade ta mère,
Inspire-moi du lumineux Homère
   Le calme fort.

Dans mes forêts de nus et blancs squelettes
L'hiver poussait de lugubres abois ;
Zéphyr vernal, viens reprendre tes droits,
Feuilles, germez, muguets et violettes,
Refleurissez, étendez vos moquettes,
   Mousses des bois.

De l'Orient, dont la porte étincelle,
A vos palais d'émeraude déserts
Revenez tous, légers oiseaux des airs,

Et que la joie en vos notes ruisselle :
Je ne veux pas qu'une plainte se mêle
    A vos concerts.

Longtemps l'orfraie a de mon âme sombre
Fait seul gémir les échos attristés ;
Vous tous, amis des sereines clartés,
Bouvreuils, linots, pinsons, bardes sans nombre,
Couvrez la voix lamentable de l'ombre,
    Chantez ! chantez !

Heureux de fuir étables, bergeries,
Tels, quand d'avril pointent les bourgeons verts,
Sautant, bêlant, beuglant, mufles ouverts,
Moutons et bœufs partent pour les prairies,
Ainsi partez, mes folles rêveries,
    Bondis, mon vers !

Décembre 1867.

XLVII

AUBE CONSOLATRICE

De l'orient l'Aube ouvrant la croisée
Y penche son rire aux fraîches couleurs,
Par mille traits d'or la nuit est chassée,
Le ciel amoureux s'emplit de lueurs,
La terre vermeille est son épousée.

De mon triste sein comme la rosée
Un tremblant rayon pompe les douleurs,
Les spectres ont fui mon âme apaisée
Qui, par les zéphyrs mollement bercée,
Se mêle aux esprits embaumés des fleurs.

Paris, septembre 1867.

XLVIII

UN DIMANCHE A SAINT-CLOUD

C'est le dernier jour des foires
     De Saint-Cloud!

Tac-tac! tac-tac!... il fend la Seine
Gaillardement, presto, presto.
Cette vapeur est très malsaine,
Mais que de monde! et quelle scène!
Tac-tac!... voyez comme il fend l'eau
     Notre bateau!

Top! top! top!... sur l'humide moire
Un autre file guilleret.....
Fouillis humain à n'y pas croire;

Sous les bancs ma prunelle noire
Saisit au vol de maint mollet
Le bel effet.

Les plus hauts dômes de Lutèce
Disparaissent à l'horizon;
Là-bas, sous la feuillée épaisse,
J'entends des rumeurs d'allégresse :
Orgue, timbale et mirliton,
Zon! zon! zon! zon!

Mille musiques enragées
Déchirent les airs à la fois;
Que de baraques surchargées
De pains d'épice et de dragées!
Que de jargons, jusqu'au chinois!
Que de minois!

Cette fontaine fait ma joie
Dans son cadre d'arbres penchés;
L'allée aux serpes est en proie,
Mais ces fourrés, cette charmoie,
Comme ils y seraient bien cachés
Les doux péchés!

Voici la fameuse lanterne,
Qui domine tout comme un mât ;
J'en franchis l'étroite poterne,
Et mon œil, l'air n'étant point terne,
Put jouir d'un panorama
      Qui le charma.

Pour la bonne bouche l'on garde
Le château de Sa Majesté ;
Mais foin ! du valet et du garde :
Aux lambris d'or que je regarde
Je préfère ma liberté,
      Ma liberté !

Nous irons tous moisir en bière
Parmi les os, sous le raigrass.
J'ai bien soif... aimes-tu la bière ?
Oh ! comme le soleil éclaire
Cette guinguette de là-bas !
      Viens, prends mon bras.

Jamais aux plages d'Ausonie
Front plus vermeil ne rayonna ;
La foule, en cercle réunie,

Suit son pas qui suit l'harmonie...,
C'est une Napolitana,
    Vésuve ! Etna !

J'ai reçu la flèche mortelle
De son œil noir resplendissant ;
Elle danse une tarentelle ;
Pas de bijoux, pas de dentelle,
Mais quelles formes ! mais quel sang !
    Quel nerf puissant !

Nul luxe ne vaut sa parure :
Le brillant corsage échancré
Qui dessine sa svelte allure,
Et sur sa brune chevelure,
— Jais de fauves reflets lustré —
    Le blanc carré.

O vibrante harpe et guitare
Du petit frère et du mari !
De fraîches poses point avare,
Elle court, voltige, s'égare,
Plus légère qu'une houri,
    Lara ! liri !

Elle pirouette, elle glisse,
Elle penche son corps mignon ;
Il donnerait, mon chaud caprice,
Bien des blancheurs d'impératrice
Pour ton col d'ambre et ton chignon,
    Preste Mignon !

Mais, hélas ! tout rêve s'écroule :
A mes regards de Lucifer
Elle disparaît dans la foule ;
L'omnibus qui m'emporte roule,
Et j'entends ton sifflet d'enfer,
    Monstre de fer.

C'est le dernier jour des foires
    De Saint-Cloud !

Paris, septembre 1867.

XLIX

TEMPÊTE NOCTURNE

—

Sur le dos houleux de l'Océan farouche
Bondit l'esquif que l'ouragan bat,
Des flots effarés hurle et se tord la bouche,
Concert sauvage, horrible combat.

Un grondement sourd et lugubre se mêle
Aux mille cris de sombres damnés ;
Innombrablement, féroces, pêle-mêle,
Les chiens de mer luttent acharnés.

Abois de triomphe et longs râles funèbres,
Clameurs de rage et de désespoir ;
L'Érèbe est le jour auprès de ces ténèbres ;
On tue et meurt dans l'infini noir.

Ni près, ni loin, rien que le néant de l'ombre,
Serpents de feu, coups de foudre, horreur,
Gouffres insurgés et rudes voix sans nombre,
Tempête et nuit... Satan aurait peur !

Foix, janvier 868.

L

NOSTALGIE

Je suis triste comme un forçat,
La ville pour moi c'est les bagnes ;
Assez de Paris comme ça :
Je revole à vous, mes montagnes !

Ma flore s'est flétrie au froid sec de la bise ;
Oh ! quels trésors de chants parfumés j'avais là !
L'aridité sceptique en mon cœur s'est assise ;
Bourgeoisie ! bourgeoisie !... affreuse Dalilah,

Ce sont les durs ciseaux de ta voix grêle et fausse
Qui de mort ont frappé mes rêves les plus frais ;
Achève : j'aime mieux le néant de la fosse
Que la honte de vivre au niveau des marais.

Hélas! de mille dards envieux ou vulgaires
Froissé, meurtri, saignant, mon cœur est transpercé;
Ouvrez-vous, recevez, ô gorges solitaires !
Dans votre saint giron le pauvre oiseau blessé.

Frères, bardes sans joug, libres vents des montagnes
Chantez en mon honneur vos hymnes souverains;
Venez des flancs sacrés du rempart des Espagnes
Agiter sur mon front ma jube aux nobles crins.

Roches, fougueux torrents, lavandes embaumées,
Blancs molosses, faucons, pacifiques bœufs roux,
Feuilles aux frais concerts, sources, bêtes aimées,
Bruits, souffles et rayons..., le dédain, le courroux

Se disputent mon sein, révolté quand je songe
Aux nombreux charlatans de l'énorme cité;
Que de creux Jupiters ! quel vide et quel mensonge !
Nature, ô plénitude, amour et vérité !

Salut! altier berceau de mes jeunes années,
Je fuis un monde vain aux rudes jets fatal;
Salut!... je sens déjà, pensives Pyrénées,
Renaître ma puissance au bain de l'air natal.

A ces crânes hauteurs se rallume la vie,
Les infimes assauts n'y causent plus d'émoi ;
L'aigre coassement de la stérile envie
S'élève de trop bas pour venir jusqu'à moi.

Vous me verrez un jour, pics solides et calmes,
Moi votre nourrisson, moi le franc montagnard,
Dédaigneux de cueillir ces éphémères palmes
Butin maigre et hâtif des avortons de l'art,

Ainsi que le soleil qui sort vainqueur des brumes
Et plane aux régions d'une douce fierté,
Sans souci des rumeurs qui montent en écumes
Avancer dans ma force et ma sérénité.

———

Je suis triste comme un forçat,
La ville pour moi c'est les bagnes ;
Assez de Paris comme ça :
Je revole à vous, mes montagnes !

De Paris à Foix. — Novembre 1867.

LI

DIALOGUE

LE POÈTE

Hélas ! d'un vague mal je suis la blême proie ;
En vain le ciel en feu rit à la terre en fleur :
Corolles ni rayons ne réveillent ma joie,
    Je suis le fils de la douleur.

UNE VOIX

Dans ton cerveau profond ton œuvre s'élabore,
D'un sublime idéal l'implacable souci
T'obsède…, oh ! qu'il s'acharne, enfant, et te dévore :
    Il est beau de souffrir ainsi.

LE POÈTE

Hélas! si je pouvais me frayer une route
Vers un but glorieux, mais non : plus de chemin,
Plus de palme à cueillir ; les broussailles du doute
    Déchirent mes pieds et ma main.

LA VOIX

Qu'en ses brillants destins ta jeune âme se fie,
Applique ta pensée à de nobles travaux,
Charme, venge, aime, hais, console, fortifie...,
    Sois l'aède des temps nouveaux.

LE POÈTE

Hélas! si je pouvais le rhythmer, mon délire!...
Mais d'autres, frémissant d'un plus puissant émoi,
Sous leurs doigts inspirés ont animé la lyre ;
    Mes chants doivent rester en moi.

LA VOIX

De la tradition des merveilles antiques
Tes illustres aînés ont été le soutien ;
Leur génie a construit de superbes portiques ;
    Mais leur cœur te prend-il le tien?

Paris, septembre 1867.

LII

APRÈS UNE LECTURE D'ALEXANDRE PÉTŒFI

(A MON AMI EMMANUEL F***)

Ami, je les ai lus ces chants démocratiques,
Rouges laves du cœur du Spartacus hongrois
Comme il n'en brûle plus sous nos torses étiques
    Sans amour, sans ire et sans voix.

Il ne fut pas de ceux dont le talent s'amuse
A combiner des mots, à ciseler des vers ;
De ses concitoyens sa généreuse Muse
    Soutint l'âme dans les revers.

Et quand pour le combat comme pour une fête
Le pays frémissant se leva tout entier,
Mère, épouse, enfançon... adieu ! — plus de poète :
    Le barde a fait place au guerrier.

Gloire à toi qui, fuyant une vie enchantée,
Parmi tant de héros tombas aux premiers rangs,
A la fleur de ton âge, ô sublime Tyrtée !
    Sous la mitraille des tyrans.

Frère, de ton renom l'univers est le temple.
Ah ! ton peuple est sauvé, mais un affreux ennui
M'étouffe quand, hélas ! mon œil navré contemple
    Le mien replongé dans la nuit !

Le front haut, jube au vent, de ses rois enfin lasse,
Honteuse de subir carcan, chaînes et frein,
De la France opprimée un jour la populace,
    Après bien des siècles d'airain ;

Comme une sombre mer assaillant la falaise,
Contre le dur passé rua son flot vainqueur
En rugissant ton hymne, ô sainte Marseillaise,
    Le sabre au poing, la flamme au cœur !

Ne renaîtra-t-il pas, enfin, ce temps splendide
Où l'on savait mourir pour l'âpre liberté ?
Ah ! l'égoïsme étroit et l'intérêt sordide
    Ont rabougri l'humanité.

Quelle métamorphose en quatre-vingts années!
Du peuple nul affront ne révolte le sang;
Au lieu de l'Océan aux vagues déchaînées,
    Plus rien qu'un marais croupissant.

Des Titans nos aïeux indignes fils, nous sommes
Un ramas de soudards et de petits crevés;
L'air ne retentit plus de l'appel des grands hommes
    Marchant fermes aux droits rêvés.

Que d'apostats vendus, aride et vile clique,
Briguent l'or criminel, les rubans, les galas
. . . .!
    Pour un Hugo, que de pieds-plats!

O France! sous le joug abaissée et meurtrie,
Toujours prêt à quitter pour le glaive le luth,
Sol de l'Égalité, malheureuse patrie;
    Mon idéal, c'est ton salut.

La Révolution me verra, digne d'elle,
Du sort injurieux bravant le noir défi,
Lutter jusqu'à la tombe, à sa cause fidèle,
    Comme toi, noble Pétœfi.

Jamais mon fier génie, indomptable cavale,
Ne trahira le camp où je me suis rangé ;
Frère, avant que mon cœur s'éteigne et se ravale,
   La vermine l'aura mangé !

Foix, février 1868.

LIII

PROMENADE MATINALE

Des hautes montagnes le faîte
Se couronne de pourpre et d'or,
La vallée obscure et muette
    A demi dort.

L'aube, chassant l'ombre morose,
Aux fenêtres de l'Orient
Se penche, divinement rose,
    En souriant.

Elle écoute dans les yeuses
L'hymne des souffles du matin.
Et des alouettes joyeuses
    Le chant lointain.

Heure intime. O voix de mystère,
Gais rayons, air pur, frais parfum,
Charmes du ciel et de la terre,
  Aux noirs défunts

Vous ne pouvez rendre la vie,
Leurs yeux ne se rouvriront pas,
Leur oreille n'est point ravie,
  Hélas ! hélas !

Mais la Nature : « Doux poète,
« Pourquoi ces lamentables cris ?
« Ne plains pas dans leur paix complète
  « Tes morts chéris.

« Ne gémis pas sur leurs ténèbres,
« Car mieux vaut, par ces temps de fer,
« Le néant des dormeurs funèbres
  « Que ton enfer.

« Oui, ton âme comprend mon âme,
« Oui, mon enfant, nous nous aimons,
« Du firmament tu bois la flamme,
  « L'écho des monts ;

« Mais de ma puissante harmonie
« Votre mer n'est pas le miroir :
« L'humanité morne et ternie
 « Fait mal à voir.

« De loin en loin à peine un homme
« Dans vos flots poltrons ou lassés ;
« Oh ! n'éveille point de leur somme
 « Les trépassés ! » —

Foix, mai 1868.

LIV

MISANTHROPIE

Les minutes me sont amères,
Je n'aperçois qu'iniquités,
De l'aile battent mes chimères
Dans l'étau des réalités.

Un long vol de hiboux et d'aigles
Intercepte l'horizon bleu,
L'ivraie enveloppe les seigles,
L'homme meurt étouffé sous Dieu !

On bâillonne les philosophes,
On protége de vils cagots ;
Maint noir renard qui lit ces strophes
En son cœur me voue aux fagots.

MISANTHROPIE

Tous les blêmes vomisseurs d'ombre
De mes chants seront peu contents ;
Leur meute pantelante et sombre
Me montre avec rage ses dents.

Mais sinistre, ô bandits prospères !
Comme un prélude d'ouragan,
J'entrerai seul dans vos repaires
Avec mon vers pour yatagan,

Et peut-être à ma voix sauvage
Le peuple, en qui dormait l'affront,
Honteux enfin de son servage,
S'éveillera, le rouge au front !

Au mâle appel de vos poètes,
Pour briser vos antiques fers,
Comme sous l'aile des tempêtes
Les sombres flots des vastes mers,

Soulevez-vous, masses augustes,
Broyez Neptune et son trident,
Voici venir l'heure des justes,
Broyez Neptune et son trident !

Foin ! de ces mots creux : hiérarchie,
Pouvoir et légitimité :
Vous aurez toujours l'anarchie
Si vous n'avez l'égalité.

O populace pressurée !
La pourpre est cause des haillons,
De ta substance font curée
De parasites bataillons.

Arrière ces nabots qu'exhausse
Des préjugés le piédestal,
C'est le travail seul qui rehausse,
Il n'est point d'autre armorial.

Il faut, il faut que chacun prête
Son concours à l'humain labeur,
Que tout laboureur soit poète
Et tout poète laboureur.

Peuple qu'on courbe et qu'on assomme,
Ta douceur devient lâcheté ;
N'es-tu pas en bête de somme
Depuis assez longtemps traité ?

Amis, courage ! à l'œuvre ! alerte !...
— Hélas ! mon souffle n'émeut rien,
L'humanité demeure inerte
Comme un morne lac stygien.

O blonde et plaintive déesse,
Inspiratrice de mes vers,
Des sanglots de notre détresse
Ne fatiguons plus l'univers.

Muse, de l'équateur aux pôles
Nul écho ne nous répondrait :
Partout d'infectes nécropoles
Que galvanise l'intérêt.

Pour la servile bourgeoisie
Le libre vatès est un fou ;
Chacun court avec frénésie
Au joug doré tendre le cou.

Prospérité de bas-empire.
Le luxe, parti des palais,
Change la femme en hétaïre
Et les hommes en plats valets.

On brigue l'herbe du pacage
Et l'avoine du râtelier,
Et c'est un monstrueux rouage,
Du percepteur au chancelier.

Et moi, fier éleuthéromane
Qui préfère, en ma chasteté,
A l'or corrupteur d'Ahrimane
La militante pauvreté ;

Qui pour idéal ai la plèbe
Montant aux cimes de ses droits
D'un flux unanime et sans ebbe,
En submergeant trônes et rois...;

Voyant le monde indécrotable,
Tous les cœurs gelés et pourris,
Comme en un fort inexpugnable
Je m'enferme dans mon mépris.

O tendre Mère universelle !
Déserteur d'un monde étouffant
Je viens à toi ; mon pas chancelle,
Ouvre tes bras à ton enfant !

Nature profonde, je t'aime :
Aux premiers accords de mon luth
Tes beautés ont servi de thème ;
Ondes, cieux et feuilles, salut !

A moi les antres gorgés d'ombre,
Germinal aux sourires verts,
Et, par une nuit claire et sombre,
Les gouffres là-haut grands ouverts !

Foix, mars 1866.

LV

FLOS MARUM

Le sable doux et fin de la plage sonore
D'un pied divin reçoit l'empreinte, et, sous l'aurore,
Blanche et rose, Kypris, vivant joyau des mers,
Embrasse d'un regard l'azur des flots amers,
Moins pur et moins profond qu'au ciel de sa prunelle;
Puis, de ses longs cheveux rejetant l'or soyeux
En arrière, et fixant près du bord ses beaux yeux,
S'élance avec amour dans l'onde maternelle.
Chaque boucle voltige au gré des vents marins,
Et son corps de l'abîme émerge jusqu'aux reins;
Et le chœur gracieux des fraîches Néréides
Se joue en la suivant dans les sillons humides;
Mais tel un grand navire à trois mâts et frété
Domine d'humbles nefs, ainsi, fleur de beauté,

Rose immortelle éclose en ces molles campagnes,
Aphrodite en attraits surpasse ses compagnes.
Le flot s'ourle et se fend sous le sein de Kypris,
La berce et la caresse, et les dauphins épris,
Tordant au loin l'émail irisé de leurs queues,
D'une écume d'argent frangent les nappes bleues.
Mais voici que Phébus darde sa flèche d'or ;
Adieu, flots. La déesse en qui jamais ne dort
Le besoin de charmer les dieux et la nature,
Envoie Éros chercher sa magique ceinture.
Aux suaves contours de ses flancs embellis
Elle en groupe avec art les vertigineux plis ;
Et les bouts ondoyants, jouets du vent folâtre,
Errent, vapeur d'azur, sur des trésors d'albâtre.
Au dur bouton rosé de son beau sein neigeux
L'abeille du désir se pose. Après ces jeux,
C'est ainsi que Vénus, la reine des Charites,
Quittant le gouffre amer, vole à de nouveaux rites.

LVI

SOUVENIR

C'était en messidor ; une tiède soirée,
   Pure, suave, aux charmes infinis,
Où l'âme dilatée, extatique, enivrée,
Sur l'aile des parfums aux bleus gouffres bénis
Montait et se perdait dans la plaine éthérée.
Puissant, magique amour ! ô jeunesse dorée !
C'était en messidor, mois des fleurs et des nids.

J'attendais ma maîtresse en une orangerie.
   Deuil enchanté : je songeais aux défunts.
Au sombre azur brillait la tremblante féerie
Des astres éternels ; sur l'aile des parfums

Dans l'air voluptueux montait ma rêverie ;
La liane du kiosque était toute fleurie ;
J'attendais ma maîtresse, ivoire aux cheveux bruns.

O baisers ! pleurs divins ! beaux serments ! frais martyre !
   Ce souvenir comme un royal condor
Plane au ciel du passé. Nul espoir ne m'attire,
Mais de cette soirée en mon cœur rien ne dort.
Temps cruel ! la mémoire échappe à ton empire ;
Lèvres, vous me brûlez, parfums, je vous respire ;
O baisers ! pleurs divins ! — C'était en messidor.

Paris, 3 décembre 1868.

LVII

AUX MOINEAUX DU LUXEMBOURG

Moineaux de ce jardin
Eden
Des cocottes de rive gauche,
Où, pour vous l'émietter,
L'on a soin d'apporter
Un morceau de pain dans sa poche ;

Où vraiment on croirait,
Forêt
De maigres arbres à la file,
Qu'aux airs de pair et duc
Vise ton front caduc
Dont, chaque an, la verdure file ;

Ce paradis enfin
Où fin,
Pur, fier, digne des temps antiques,
Du Sénat glorieux
Le temple dresse aux cieux
Ses façades zygomatiques;...

— Là (Sainte-Beuve à part,
Bavard
Que nul grave bourgeois ne goûte)
Maint fougueux orateur
Fulgure, et la sueur
De son front sublime dégoutte.

C'est là que Canrobert,
Très-vert
Contre les modernes Voltaires,
Noble fils de boucher,
N'a pas laissé toucher
A l'antique Dieu de ses pères.

C'est là que d'Aguesseau,
Du seau
Du dédain, roi par l'attitude,

Sur le peuple tondu
A versé, plomb fondu,
Ces mots : « La vile multitude! » —

Moineaux de ce jardin,
Soudain,
Joyeux, batailleurs, pêle-mêle,
D'abord dix, bientôt cent,
Jusqu'aux pieds du passant
Vous venez quand il vous appelle.

Pour vous pas de danger ;
Manger
Est tout ; rien ne vous effarouche :
Ni chignons audacieux
Escaladant les cieux,
Ni le bonnet à poil farouche.

Petits bâfreurs ailés,
Allez,
L'homme aussi met son cœur en panse :
Je vous en nommerais
Des pleutres à l'engrais,
Vampires de ma belle France!

Dans les massifs épais,
En paix,
Car nul coup de fusil n'éclate,
Vous vivez ; le raigrass
S'étend, moelleux et ras
Comme un velours, sous votre patte.

Des moineaux de chez moi
L'émoi
Toujours veille : ce bruit, qu'était-ce !...
Il part, grands sont les bois,
Et lui n'est pas bourgeois
Comme vous, repus de Lutèce.

Sauvages hasardeux !
Rien d'eux
Ne brille en vous ; pour une graine
Ou d'avoine ou de blé,
Il est souvent criblé
Le hardi moineau de Pyrène.

Et si l'oiseau de sang
Passant,
Vient menacer son nid rustique,

Sus à l'émérillon
Il fond en bataillon
Avec une ire frénétique!

Dans un jardin musqué,
Parqué?
Fi! toute lande est sa patrie;
— En butte à maint péril
Quel bien possède-t-il?
— Son âpre liberté chérie!

Loin des parcs de la Cour
Il court
Par les ravins, par les campagnes;
Les rocs l'ont fait ainsi,
Et moi je suis aussi
Né, comme eux, au sein des montagnes!

Paris, septembre 1868.

EN RÉPONSE A L'ENVOI DU SONNET SUIVANT

Applaudissements à vos beaux et nobles vers sur Baudin.

Victor Hugo.

Hauteville house, avril 1869.

LVIII

SONNET A BAUDIN

Simple et grave héros, digne des temps antiques,
Qui présentas un front impavide au trépas,
Ta vertu ne veut point de rhythmes emphatiques :
On l'admire et l'imite, on ne la chante pas !

Aux traîtres les lauriers, les marbres, les portiques,
A toi, pur citoyen qui maudissais Judas,
La fosse ;... et de vingt ans les foules sympathiques
Vers tes os ignorés n'ont point porté leurs pas !

Et pourtant nous t'aimons, ta mémoire sublime
Veille au foyer profond de la haine du crime,
Nous avons hérité ton grand, ton mâle cœur ;

D'une pareille mort surgissent mille vies ;
Nos droits foulés aux pieds, nos libertés ravies,
Un jour nous les rendra—jour terrible et vainqueur !!!

Paris, 3 décembre 1868.

LIX

NUIT, LUNE ET MER

L'astre changeant
Baise la dune;
O de la lune
Cornes d'argent!

O gris de perle
De l'infini!
Hymne béni!
Le flot déferle.

Du gracieux
Giron des vagues
Cent secrets vagues
Montent aux cieux.

Luna décline,
Brodant les eaux
De longs réseaux
De mousseline.

La mer ! la mer !
Plane et sans bornes ;
O blanches cornes !
O gouffre amer !

Pendant des lieues
D'éclat dormant,
Doux tremblement
De lames bleues.

Parfum de sel
Mêlé de spalme ;
Un profond calme
Universel.

Tout dort. J'abreuve
D'immensité
L'aridité
D'une âme veuve.

Et dans la nuit,
Semant les rêves,
Les Heures brèves
Glissent sans bruit.

Au bord de l'Océan. — 1868.

LX

SANS AMOUR!

Timide quoique vieux, et vieux quoique bien jeune,
Car j'ai beaucoup souffert et la douleur mûrit,
Mon cœur vide, affamé d'amour, languit et jeûne ;
Rarement mon œil brille et ma lèvre sourit.

J'appréhende toujours que ma voix n'importune,
Que nul sein ne réponde à mes élans fougueux ;
Hélas! je ne suis pas mignon de la fortune,
Et je n'ai même plus la santé, l'or des gueux.

J'erre, seul et pensif, dans de froides ténèbres,
Un spleen impitoyable et m'étreint et me mord,
De sinistres frissons labourent mes vertèbres,
Et parfois m'apparaît le spectre de la Mort!

Ses rêves inéclos et l'âme inassouvie,
Sans espoir et rongé d'un âpre souvenir,
Théone, il est bien triste, au printemps de la vie,
De voir se refermer tout un riche avenir.

Pour renaître que veut la fleur qui rendait l'âme ?
Les larmes de la nuit, un baiser du soleil ;
Eh bien, je suis la fleur, et votre amour, ô femme !
La perle de rosée et le rayon vermeil.

Le grand mot créateur, profond et vaste thème,
Divin baume, dictame ineffablement doux,
Ce mot plein de magie et d'ivresse : « Je t'aime ! »
Fait pour ressusciter un mort, le direz-vous !

Tombera-t-il un jour de ta brûlante lèvre ?
De revivre par toi puis-je bercer le vœu ?
Du vin d'amour le sort depuis longtemps me sèvre,
Vas-tu tendre à ma soif le breuvage de feu ?

Quand sur mon front maudit poseras-tu ta bouche ?
Quand me laisseras-tu baiser ton front si beau ?
Réponds, femme, réponds : un spleen sombre et farouche
Me mine, et je me sens glisser vers le tombeau !

Paris, janvier 1869.

LXI

CHANSON D'AVRIL

Oh! les lilas! les lilas!
Voici fleurir les lilas.
Clair azur, vertes alcôves,
Suaves rameaux tremblants;
Ici de frais lilas blancs,
Là-bas de beaux lilas mauves.
Oh! les lilas! les lilas!

Oh! les oiseaux! les oiseaux!
Voici chanter les oiseaux.
Que de gais battements d'ailes
Et de joyeuses chansons!
Chantez, sonores pinsons,
Volez, vives hirondelles.
Oh! les oiseaux! les oiseaux!

Oh! l'amour! le vaste amour!
Voici s'allumer l'amour.
Vous, brises, bercez mon âme,
Vous, parfums, enivrez-la.
Quel chef-d'œuvre Dieu fit là
Quand sa main sculpta la femme!
Oh! l'amour! le vaste amour!!!

Sceaux, avril 1869.

LXII

MEZZO SOPRANO

A MADEMOISELLE MARIE P***

Vous voulez écouter, sémillante sirène,
Quelques faibles accords du barde de Pyrène ;
C'est ainsi que parfois Philomèle se tait
Pour laisser chantonner mésange et roitelet.
Quel air vous moduler? Au vallon du Parnasse
J'occupe la plus mince et plus obscure place ;
Je n'ai rien que mon cœur de jeune troubadour,
Luth éolien qui vibre aux souffles de l'amour,
Et modeste et craintif, sans art et sans étude,
Je redeviens muet hors de la solitude.
C'est à vous de chanter et c'est à moi d'ouïr.
Comme un beau météore illumine la nue
Mais ne semble briller que pour s'évanouir,
Vous allez nous quitter, las! à peine venue.

Vite charmez-nous donc encor et puis encor
De votre voix limpide au puissant timbre d'or,
Soit que du gai Tyrol elle batte le trille
Léger, soit que, tenant les esprits suspendus,
Avec toute votre âme, en rhythmes éperdus
Elle épanche à pleins bords l'ardente séguidille.
Laissez, laissez dormir mes petits vers honteux,
Oiseaux à l'aile faible et d'un essor douteux.
Hélas! quelle couronne embaumée et choisie
Digne de votre grâce et de votre talent?
Peut-on prêter azur et flamme au ciel brûlant?
La femme est le foyer de toute poésie,
Et l'artiste est pareil au pauvre pèlerin
Qui croit dans une fiole emporter le Jourdain;
Mais ce qu'il prend n'est rien auprès de ce qui reste;
Telle, mystérieux abîme rayonnant,
La femme. Que faut-il, pour trôner sans conteste,
Au poète qui va sur vos plages glanant?
Que faut-il pour qu'il soit le roi de la pensée?
Que la gloire lui pose une auréole au front?

— Pêcher et mettre au jour une perle irisée
Des trésors infinis de cette mer sans fond!

Février 1867.

LXIII

INÉLUCTABLE ENCHANTEMENT

I

Instruits par les leçons des vents musiciens
   Et des flots de l'Alphée,
Solitaire et pensif vivait aux jours anciens,
   Un petit-fils d'Orphée.

Tout jeune il composait de magnifiques vers
   Avec un saint délire,
Et pour les fins joyaux épars dans l'univers
   N'eût pas vendu sa lyre.

Tantôt calme et rêveur, tantôt sombre, irrité,
   Hissant, carguant ses voiles,
Il chantait tour à tour l'austère liberté,
   Puis l'aube ou les étoiles.

Et sans cesse attachant à la forme ses yeux,
  Son oreille au murmure,
Il errait, épelant le livre merveilleux
  De la grande Nature.

La terre concourait avec le firmament
  A rhythmer son distique ;
Vague, feuille et rayon gonflaient d'enivrement
  Son cœur panthéistique.

Or l'aède un matin foulait d'un pied distrait
  Les plages de l'Élide,
Méditant, quand soudain à sa vue apparaît
  Une beauté splendide.

Les brises de la mer baisaient ses charmes nus ;
  Tant d'attrait la décore,
Qu'il s'arrête, croyant voir à la fois Vénus,
  Thalie et Terpsichore.

Mais (hélas ! de l'amour nul n'évite les maux)
  Elle aussitôt devine
Son trouble, et, s'approchant, laisse tomber ces mots
  De sa bouche divine :

II

« Jeune homme, aux vieillards catarrheux
« Laisse les pensers ténébreux.

« Bel enfant de la race humaine,
« Le désir en ton âme dort ;
« Viens : je suis Anadyomène,
« La déesse des songes d'or.

« Aux vieillards les soucis moroses,
« A toi les myrtes et les roses !

« Que te disent donc cette mer ?
« Et tes montagnes ? et ton fleuve ?
« Être mort, c'est ne pas aimer ;
« Ouvre à l'amour ton âme neuve.

« Aux vieillards l'Hadès sans clarté,
« A nous amour et volupté !

« A nous les brûlantes caresses,
« A nous les radieux essors ;
« La plus brillante des déesses
« Veut te livrer tous ses trésors.

« Aux vieillards l'urne funéraire,
« A nous la vie, à nous Cythère !

« Mon île a de généreux vins
« Pères des molles rêveries,
« Mon île a des parfums divins,
« Mon île a des couches fleuries.

« Aux vieillards le froid monument,
« A nous le fol enchantement ! „ —

Nulle mâle vertu ne reste
Dans le sein du chantre dompté :
Les mailles de la voix céleste
Ont enlacé sa volonté.

— Aux vieillards les soucis moroses,
A toi les myrtes et les roses ! —

Au barde ayant ainsi parlé,
Des Grâces la suave reine
Sur l'azur du gouffre salé
Étendit sa main souveraine.

— Jeune homme, aux vieillards catarrheux
Laisse les pensers ténébreux ! —

Et l'onde qui s'enfle et déferle
A ce signal soudain compris,
Dépose un char fait d'une perle
Aux pieds superbes de Kypris.

— Aux vieillards l'urne funéraire,
A nous la vie, à nous Cythère ! —

Et deux cygnes jumeaux nageant,
Nageant du large vers la rive,
S'attèlent au timon d'argent
Qu'un clou de corail orne et rive.

— Aux vieillards l'Hadès sans clarté,
A nous amour et volupté ! —

Et près du chantre sur le siége
Ayant pris place en souriant :
« Coursiers ailés d'un blanc de neige,
« Envolez-vous vers l'Orient ! »

III

Un léger cordon de fleurs sert de rênes,
La blonde Vénus, merveille des eaux,
En retient les bouts, et les purs oiseaux
Fendent de l'éther les vagues sereines.

D'un vol mesuré, calme, égal et sûr,
Éloignant sous eux val, bois et ravine,
Les cygnes, vêtus de splendeur divine,
Du ciel rayonnant traversent l'azur.

Et lorsque, entraînant son cortége d'ombres,
La Nuit envahit les infinis bleus,
Le char voyageur, resté lumineux,
Sillonne d'un arc les espaces sombres.

Tels de Séléné les messagers d'or,
Porteurs de secrets que nul ne dévoile,
Vont mystérieux d'étoile en étoile
Aux heures de paix où tout rêve ou dort.

Des bras de Tithon quand la fraîche Aurore
S'élança, pourprant la cime des flots,
Le doux char d'amour approchait d'Hélos,
Devers Kythéra voyageant encore.

On peut déjà voir le golfe écumer,
Thalassa! déjà plus de terre brune,
Thalassa! d'Hélos disparaît la dune,
Thalassa! la mer, plus rien que la mer!

De reflets joyeux la lame s'irise,
Thalassa! l'amour veut l'immensité ;
Les baumes subtils de la volupté
Arrivent enfin, bercés par la brise.

Et les purs oiseaux toujours fendent l'air,
Et bientôt voici que, vermeil parterre,
Du glauque giron sans bornes Cythère
Se détache et rit à l'horizon clair.

Et Vénus alors : « Salut ! ô mon île ;
Aède, mon culte est seul immortel,
Je suis la déesse et je suis l'autel ;
Cygnes, abaissez votre vol docile.

Et, s'alentissant, l'équipage ailé
S'abat sans ressaut sur la plage lisse ;
Moins léger se pose au bord du calice
L'agrion de gaze au corps effilé.

Et Kypris, baisant chaque blanche tête :
« A la libre mer libres je vous rends. »
Puis sous des bosquets d'arbres odorants
Elle disparut avec le poète !

Foix, mai 1868.

LXIV

ADIEUX AU LECTEUR

Quand on est essoufflé l'on doit reprendre haleine,
Quand on s'est assez vus il faut se séparer ;
De me lire vous tous qui pris avez la peine,
    J'ai l'honneur de vous saluer.

J'en conviens, cette époque est une époque vile
Mais de l'âpre vertu je tiendrai le sentier ;
Des palefrois châtrés pullulent par cent mille,
    Mais je suis un cheval entier.

Abhorrant pape et roi, prétraille et mouchardaille,
Le courroux a souvent changé, troublant mon ciel,
Mon théorbe en tromblon et mes vers en mitraille
    Pour cribler le trône et l'autel !

Grapignans et soudards, flatteurs et courtisanes,
Vautours toujours à l'œuvre, ô catins! ô bandits!
Qui du deuil des grabas dorez vos ottomanes,
  Je vous méprise et vous maudis!

Des casernes-palais à vous la lourde masse,
A vous des plats honneurs le vain rayonnement;
A moi les frais baisers du libre vent qui passe,
  Vallons verts et bleu firmament.

Et maintenant dormez jusques à nouvel ordre,
Ce n'est pas pour longtemps que vous sourit le sort :
Sur le gril de mes vers il vous faudra vous tordre
  Dans des convulsions de mort!

Ce bouquin-ci contient plus d'une faible pièce,
Comme je te l'ai dit dans l'*Avertissement;*
A toi, lecteur, de voir si c'est une promesse
  Qui vaille un encouragement.

Je suis loin de me croire un barde extra-sublime,
Mais je ne me crois pas un diseur de bibus;
Ces chants, à mon avis, ne sont pas œuvre infime :
  On y sent *pectus* et *flatus.*

Et la Nature seule est mon maître et ma reine ;
Je le déclare avec une mâle fierté,
Les forêts, les torrents et les pics de Pyrène
    Sont les seins qui m'ont allaité !

Alphonse, Alfred, Victor, sachez, nom d'un tonnerre !
Que mon Pégase ailé de nul ne tient son trot :
Tout lion a son antre et tout aigle son aire,
    Et son verbe tout maëstro.

Des sots imitateurs que la tourbe frivole
Grimpe avec votre échelle et chante avec vos sons :
Il m'importe fort peu qu'un Jupin fasse école,
    A moi, franc coureur de buissons.

Je laisse avec bonheur ma Muse sans culture
Prendre la clef des champs sans se faire un souci
Des règles d'un quidam qui gênent son allure ;
    Mon esthétique, la voici :

J'accepte également le chardon et la rose,
J'aime beaucoup la nuit sans détester le jour,
De l'orgue au tambourin, du fifre à la baudose
    Je vais promenant mon humour.

ADIEUX AU LECTEUR

On me dira que c'est une triste rubrique,
Et qu'un ménétrier l'est sur chaque instrument ;
Jappez tout votre soûl, roquets de la critique :
    J'en tombe d'accord humblement,

Ce n'est là qu'un bloc fruste et d'informes maquettes,
Mais la Muse à jamais ne m'a pas dit adieu ;
Un jour elle pondra des stances plus parfaites,
    Je l'espère ainsi, z'ô mon Dieu !

Il est temps, cher lecteur, que je pose la plume ;
Si te plaisent mes vers, je rebavarderai ;
Pour le moment je suis à sec, et ce volume
N'est, d'ailleurs, qu'un ballon d'essai.

FIN

TABLE DES MATIÈRES

	Préface.	5
I.	Sonnet au lecteur	15
II.	Au même	16
III.	Le bandoulier	19
IV.	Premier amour	21
V.	Toi que chérit mon cœur	22
VI.	Le sommeil de la lyre	24
VII.	Veille	26
VIII.	Cauchemar au réveil	28
IX.	Stances	30
X.	Stances	32
XI.	Le loup	34
XII.	Nuits	36
XIII.	Le montagnard	39
XIV.	Matinée de mai	43
XV.	Le vœu de Jephté	45
XVI.	Le meunier	50
XVII.	Orage	54
XVIII.	France et Pologne	58

XIX.	Ode à la fortune	66
XX.	Une soirée dans les rues	68
XXI.	Bastringue	72
XXII.	Le char-à-bancs	74
XXIII.	Coucher de lune	77
XXIV.	Chant d'amour	78
XXV.	La mission du poète	91
XXVI.	Simplisme et composisme	95
***	Lettre de G. Sand	101
XXVII.	Spleen. (Poème lyrique en quatre chants.)	105
XXVIII.	Blonde et brune	200
XXIX.	Réveil printanier	201
XXX.	Deuil d'un père	204
XXXI.	La jeune lavandière des Pyrénées	210
XXXII.	Le départ	215
XXXIII.	Voyage dans les temps	218
XXXIV.	Le charbonnier. (Conte-ballade.)	223
XXXV.	Une nuit en diligence	244
***	Lettre de George Sand	246
XXXVI.	La demoiselle	248
XXXVII.	Une visite chez Théophile Gautier	251
XXXVIII.	Sonnet	264
XXXIX	Sonnet	265
XL.	Sonnet	266
XLI.	Planctus !	267
XLII.	Cruauté inconsciente	268
XLIII.	A une étoile	271
XLIV.	Le glas de l'amour	273
XLV.	A la mère de la morte	279
XLVI.	Renaissance	281
XLVII.	Aube consolatrice	284
XLVIII.	Un dimanche à Saint-Cloud	285
XLIX.	Tempête nocturne	290
L.	Nostalgie	292

TABLE DES MATIÈRES

LI. Dialogue.	295
LII. Après une lecture d'Alexandre Pétœfi	297
LIII. Promenade matinale	301
LIV. Misanthropie	304
LV. Flos marum.	310
LVI. Souvenir.	312
LVII. Aux moineaux du Luxembourg	314
LVIII. Sonnet à Baudin	319
LIX. Nuit, lune et mer	321
LX. Sans amour !	324
LXI. Chanson d'avril	326
LXII. Mezzo soprano	328
LXIII. Inéluctable enchantement.	330
LXIV. Adieux au lecteur	338

Errata 347

www.ingramcontent.com/pod-product-compliance
Lightning Source LLC
Chambersburg PA
CBHW072004150426
43194CB00008B/993